农业信贷担保
风险管理和体系建设研究

张 超 著

经济管理出版社

图书在版编目（CIP）数据

农业信贷担保风险管理和体系建设研究/张超著 . —北京：经济管理出版社，2023. 11
ISBN 978-7-5096-9272-1

Ⅰ.①农… Ⅱ.①张… Ⅲ.①农业信贷—贷款担保—风险管理—研究—中国 ②农业信贷—贷款担保—体系建设—研究—中国 Ⅳ.①F832.43

中国国家版本馆 CIP 数据核字（2023）第 179446 号

组稿编辑：谢　妙
责任编辑：谢　妙
责任印制：许　艳
责任校对：张晓燕

出版发行：经济管理出版社
　　　　　（北京市海淀区北蜂窝 8 号中雅大厦 A 座 11 层　100038）
网　　址：www.E-mp.com.cn
电　　话：(010) 51915602
印　　刷：北京晨旭印刷厂
经　　销：新华书店
开　　本：720mm×1000mm/16
印　　张：12.25
字　　数：207 千字
版　　次：2023 年 11 月第 1 版　2023 年 11 月第 1 次印刷
书　　号：ISBN 978-7-5096-9272-1
定　　价：78.00 元

·版权所有　翻印必究·
凡购本社图书，如有印装错误，由本社发行部负责调换。
联系地址：北京市海淀区北蜂窝 8 号中雅大厦 11 层
电　　话：(010) 68022974　　邮编：100038

前　言

党的十九大报告明确提出实施乡村振兴战略。产业兴旺是乡村振兴的重点，是实现农民增收、农业发展和农村繁荣的基础。而农业产业规模小、经营分散是制约我国农业产业转型升级的重要因素。通过建立健全培育新型农业经营主体发展的政策扶持体系，改变传统农业经营方式和模式，对提高我国农业的组织化程度，形成多种形式的农业适度规模经营意义重大。但是，支持新型农业经营主体发展的体制机制还存在诸多问题：农业信贷市场普遍存在的信息不对称导致的逆向选择和道德风险、金融监管范围难以覆盖非正规金融市场，以及新型农业经营主体缺乏有效的抵押担保品等，使得新型农业经营主体的信贷需求难以得到满足。在此背景下，我国建立了由财政支持的农业信贷担保体系，以满足新型农业经营主体的信贷需求，为助力农业转型升级提供有力支撑。

通过各级财政、村委会、金融监管等部门及农业信贷担保公司的共同努力，全国农业信贷担保（以下简称农担）体系从无到有、从小到大，初步缓解了农业"融资难""融资贵"的问题，促进了乡村产业兴旺和农民就业增收，助推了脱贫攻坚全面胜利和乡村振兴战略的实施。全国农担从最初边组建边开展业务，到全力推进业务发展，目前已进入发展的快车道。2017～2020年，全国农担业务规模年均增长91%。截至2020年底，全国农担在保余额为2117.98亿元，放大倍数3.4倍，政策性职能逐步发挥。2020年，全国农担共新增1919.9亿元，是2019年同期的1.81倍。其中，18个省份放大倍数超过3倍，1141个县级行政区累计担保余额超过1亿元。

国内专家、学者对农业信贷担保体系的研究主要聚焦于对农业信贷担保体系绩效的测度，但从本质上讲，农业信贷担保体系绩效的高低是风险管理和体系建设水平等方面综合作用的结果。因此，只有将农业信贷担保风险管理和体系建设作为一种基本机制，才是提高农业信贷担保绩效的基础。虽然我国的农业信贷担保体系已经日趋完善，但与风险管理和体系建设发展相匹配的理论研究还比较滞后。因此我们必须认识到，农业信贷担保风险管理和体系建设研究将是一件长期、艰巨且复杂的任务，需要坚持不懈、持之以恒地推进。笔者相信经过我们共同的努力，未来一定能够建立符合我国国情且完善的农业信贷担保体系。

在此背景下，本书的撰写旨在系统地介绍和展现农业信贷担保风险管理和体系建设的新发展和新情况。可以说，本书浓缩了笔者在博士期间，与导师王振宇教授团队和辽宁省农业信贷融资担保有限责任公司全体员工5年奋斗的汗水、创新的努力和攻坚克难的智慧，较为系统和全面地集成了有关农业信贷担保理论与实践的最新成果和丰富经验。

谨将本书作为辽宁省农业信贷融资担保有限责任公司成立7周年的献礼，也希望本书的研究能为有兴趣探究农业信贷担保领域相关问题的专家、学者提供一些有待深入研究的问题和线索，为我国农业信贷担保机构在风险管理和体系建设方面提供借鉴和参考，为推动中国农业信贷担保体系的健全和农村信贷市场的健康发展做出贡献。

目 录

上篇：政府干预和关系契约视阈下农业信贷担保风险管理

第一章 导论 / 3
  第一节 研究背景 / 3
  第二节 核心概念界定 / 5
  第三节 研究目标与研究内容 / 7
  第四节 研究意义 / 10
  第五节 研究方法 / 12
  第六节 可能的创新之处和研究不足 / 14

第二章 相关文献及理论回顾 / 16
  第一节 相关文献回顾 / 16
  第二节 理论回顾 / 26

第三章 调研设计及样本描述性统计 / 30
  第一节 调研设计 / 30
  第二节 样本的描述性统计 / 43

第四章 农业信贷担保风险识别 / 55
  第一节 基于政府干预视角的农业信贷担保风险识别 / 55
  第二节 基于关系契约视角的农业信贷担保风险识别 / 69

第五章 农业信贷担保风险评价 / 82
  第一节 基于政府干预视角的农业信贷担保风险评价 / 82
  第二节 基于关系契约视角的农业信贷担保风险评价 / 92

第六章　农业信贷担保风险处理 / 103
　　第一节　博弈均衡分析：基础模型 / 103
　　第二节　引入外部机制的博弈均衡分析：扩展模型 / 113
　　第三节　本章小结 / 120
第七章　研究结论、政策优化与研究展望 / 122
　　第一节　研究结论 / 122
　　第二节　政策优化 / 123
　　第三节　研究展望 / 127

下篇：农业信贷担保体系建设

第八章　农业信贷担保体系建设 / 131
　　第一节　农业信贷担保的相关概念及起源 / 131
　　第二节　农业信贷担保申请流程及关键问题 / 134
　　第三节　银担合作的巴渝模式借鉴 / 137
　　第四节　美国农业信贷担保体系建设镜鉴 / 140
　　第五节　构建农业信贷担保体系的建议 / 142
第九章　完善辽宁农业信贷担保体系 / 146
　　第一节　辽宁农业信贷担保体系发展现状 / 147
　　第二节　辽宁农业信贷担保体系良性发展需解决的关键问题 / 159
　　第三节　国外农业信贷担保体系建设镜鉴 / 162
　　第四节　国内农业信贷担保体系先进实践经验借鉴 / 165
　　第五节　完善辽宁农业信贷担保体系可持续发展的战略规划 / 168

参考文献 / 173

后　记 / 188

上 篇

政府干预和关系契约视阈下农业信贷担保风险管理

第一章 导论

第一节 研究背景

"十三五"时期是我国从传统农业向现代农业加速转型的关键时期。在这一时期，我国农业发展取得了举世瞩目的成就，粮食生产实现多年连增，农民收入稳步提高，同时以规模化生产为基本特点的种养大户、家庭农场、农民专业合作社、农业企业等新型农业经营主体不断涌现。培育新型农业经营主体是由传统农业向现代农业转型的基础。理论上而言，由于农业属于弱质性产业，具有显著的效益溢出性，加之在培育新型农业经营主体的初期，新型农业经营主体抵御市场和自然灾害等风险能力较弱，所以培育新型农业经营主体离不开土地、资金、劳动力、技术、管理、制度六大要素的支持（蒋例利、王定祥，2017）。但是，从现实情况来看，大多数新型农业经营主体正处于初创期或成长期，面临很多困难与挑战，如政策支持不足、融资贷款难、公共服务不足、基础设施建设投入不足等（范晓霞，2013；钱克明、彭廷军，2013；张辉，2014）。

需要明确的是，在新型农业经营主体发展的这些约束中，只有资金约束才是核心，其他约束都可以通过获得资金的支持而得到解决。没有资金要素的先导性驱动，其他约束都会转换为新型农业经营主体发展的"桎梏"（蒋例利、王定祥，2017）。那么，新型农业经营主体发展中的资金应该从何而来？在理论层面上，一般有三种渠道：一是新型农业经营者自我资本投入或从合伙经营者手中吸收股本。这种资金来源渠道会受到新型农业经营主体自身和股东收入与资本积累能力的制约。二是向金融部门融资。融资数量受其抵押物、信用状况、项目预期收益、可持续融资能力等综合因素的影响。三是财政援助。从政府部门获得财政支持会受到财政支农政策、财政支农种类、财政预算流程的约束。上述第一种渠道为内源资本，后两种渠道为外源资本。从我国农村地区的现实情况看，内源资本不足是不争的事实，这就必须借助外源资本促进新型农业经营主体发展（蒋例利、王定祥，2017）。

与传统农业相比，现代农业具有技术密集、资金密集、生产规模化的显著特征。随着现代农业的发展，积极培育发展壮大新型农业经营主体，进一步激活农业生产要素潜能迫在眉睫。但是由于农业信贷市场存在严重的信息不对称和缺乏有效抵押担保品等问题（李江华、施文泼，2013；曹瓅、杨雨，2020），致使资金短缺日益成为新型农业经营主体生产经营过程中的主要制约因素。

因此，财政部、农业农村部、原银保监会三部门将财政支持的农业信贷担保体系作为新一轮强化农村金融支持"三农"发展的重要手段，试图通过创新财政支农机制，在充分发挥市场主导的同时，以政府这只"有形之手"助推我国农业现代化发展。农业信贷担保体系作为解决我国新型农业经营主体"融资难"和"融资贵"问题的重要政策性金融工具，在建立之初，决策层便针对农业生产经营分散、农业金融市场普遍存在的信息不对称导致的逆向选择和道德风险、金融监管范围难以覆盖非正规金融市场和新型农业经营主体缺乏有效的抵押担保品等问题（曹瓅、杨雨，2020），设计了针对农业信贷担保的风险防范机制。

但是，农业信贷担保体系经过多年运营，依然存在客户推迟还款、欠息、无能力或者拒绝归还银行等金融机构贷款的违约问题。为何农业信贷担保体系在执行过程中出现了"风险"？是不是政府在依托农业信贷担保机构，干预农业信贷担保市场的过程中未识别出一些诱发农业信贷担保风险的关键性影响因素，从而诱发了农业信贷担保风险？针对农业信贷担保风险诱因，如何评价农业信贷担保风险？依据农业信贷担保风险评价结果，如何设计有效的农业信贷担保风险处理机制？

针对上述问题，本书上篇首先遵循"委托—代理"理论的分析框架，解析农业信贷担保风险产生的原因；其次采用冲量过程模型，评价外部机制对农业信贷担保风险的影响；再次运用不完全信息动态博弈模型，理论分析和数据模拟农业信贷担保体系中各参与主体的决策博弈过程；最后提出相关对策建议，以期为理论界的进一步研究和实践中农业信贷担保体系的可持续良性发展提供决策参考。

同时，现阶段适合地方体制机制、可操作性强的农业信贷担保体系，对省级农业信贷担保体系的可持续良性发展具有举足轻重的作用。本书下篇以完善辽宁农业信贷担保体系为例，将农业信贷担保体系服务新型农业经营主体作为根本出发点，以解决省级农业信贷担保体系运行过程中所面临的实践问题为导向；将高效推动地方农业产业兴旺作为最终落脚点，以完善农业信贷担保体系。此外，从实践角度出发，笔者合理借鉴国内外现有理论研究成果和先进经验，从省级农业信贷担保体系服务对象需求、农业信贷担保体系自身和地方政府支持农业信贷担保体系良性发展三个维度提出了制约省级农业信贷担保体系发展的问题，并提出相应的对策建议，从而为完善农业信贷担保体系，构建符合省情、易于操作的省级农业信贷担保体系提供了重要的理论指导与决策参考。

第二节 核心概念界定

一、农业信贷担保

农业信贷担保是指金融机构在城市和农村地区吸收存款，但由于新型农业经营主体缺乏抵押、质押担保品，其无法向新型农业经营主体发放贷款，因此由政府全额出资或主导组建农业担保公司向新型农业经营主体进行担保，动员和分配暂时闲置的货币资金，以供应新型农业经营主体农业再生产过程中资金周转需要的一种形式。这种财政支持下的农业信贷担保大多实行关系契约，且担保项目具有明显的政策导向。

二、新型农业经营主体

新型农业经营主体是指以家庭联产承包责任制为基础，我国农业领域出现的有文化、懂技术、会经营的职业农民和经营规模大、集约化程度高、市场竞争力强的农业生产经营组织。该主体包括专业大户、家庭农场、农民专业合作社和农业产业化龙头企业。

三、农业信贷担保风险管理

农业信贷担保风险主要是指新型农业经营主体的违约风险（魏国雄，2015），本篇将由于新型农业经营主体管理者推迟还款、欠息、无能力或者拒绝归还银行等金融机构贷款而造成违约事实，使农业信贷担保体系发生代偿风险的情况视为农业信贷担保风险。基于此，农业信贷担保风险管理是指以新型农业经营主体申报的担保申请资料为基础，结合对新型农业经营主体的实地考察，对影响担保项目的风险因素进行全面、系统的识别、评价和处理的优化活动。农业信贷担保风险管理通过对担保项目的风险因素的识别，确定它们对项目的作用大小，然后通过适当的模型予以评价，以揭示担保项目的风险状态和风险趋势。在风险识别和评价的基础上，农业信贷担保机构对多种风险处理方案进行可行性研究，从中优选出最佳方案，确定风险管理对策，组织方案实施，将风险水平控制在可承受范围之内。

四、政府干预

理论上而言，政府干预农业信贷担保市场是指政府以农业信贷担保机构为依托，在遵循市场经济规律和政策导向的前提下，针对新型农业经营主体的农业信贷配给和缺乏有效抵押担保品等问题，通过限定银行利率和农业信贷担保机构担保费率等方式，消除部分农业信贷配给，并促使农业信贷担保机构为新型农业经营主体提供多样的反担保方式，以解决新型农业经营主体因缺乏有效的抵押担保品而造成的"融资难"和"融资贵"难题的政府调控行为。

五、农业产业链中的关系契约

农业产业链中的关系契约是指新型农业经营主体依托农业产业链与生产

经营主体缔结契约关系时，由于关系契约的不完全性，在契约中不可避免地存在未列明或不清晰的条款内容，当新型农业经营主体针对关系契约的不完全性选择机会主义行为时，外部监管机构难以通过契约中的条款内容依法追究违约责任，生产经营主体只能通过全部或部分保障新型农业经营主体收益以规避新型农业经营主体选择机会主义行为的利益分配激励机制。

第三节　研究目标与研究内容

一、研究目标

本篇的总体研究目标是：首先，在政府干预和关系契约的研究视阈下，遵循委托—代理理论的分析框架，对农业信贷担保风险诱因进行理论分析。其次，建立农业信贷担保风险评价指标体系，运用描述性统计的方法验证农业信贷担保风险的影响因素。再次，使用实证方法和不完全信息动态博弈模型对农业信贷担保风险进行识别、评价和处理。最后，完善农业信贷担保风险管理机制。据此，本篇提出以下三个研究子目标：

（1）遵循委托—代理理论和相关文献，基于政府干预和关系契约的研究视角，分别对农业信贷担保风险诱因进行理论分析，同时从管理者资质、管理者财务情况和非财务情况三个维度甄选了17个变量，用于识别农业信贷担保风险的影响因素，以期为农业信贷担保风险管理提供理论支撑。

（2）在农业信贷担保风险识别的基础上，构建风险评价模型，通过预判外部机制冲击对新型农业经营主体违约风险的影响程度，实证检验外部机制冲击对农业信贷担保风险系统中各个指标的正向、负向影响，同时测度农业信贷担保风险系统中各个指标从无序到有序的分布过程，从而客观和全面地评价农业信贷担保风险。

（3）针对农业信贷担保体系具有政策性和可持续性的双重属性，基于政府干预和关系契约的视角，使用不完全信息动态博弈模型，在基础模型、政府干预和关系契约三个维度下分别对农业信贷担保机构、银行和新型农业经营主体三者博弈决策过程进行理论分析与数据模拟，从而理论推导出农业信贷担保机构、银行和新型农业经营主体三者之间风险最小化的动态平衡点，最终提出农业信贷担保风险处理建议。

二、研究内容

围绕上述研究目标，可将研究内容分为以下五个部分：

（1）运用 2017 年 7 月至 2019 年 12 月我国 L 省农业信贷担保体系 510 户新型农业经营主体产生的真实数据，基于委托—代理理论中的逆向选择与信贷市场上的配给制理论的分析框架，重点解析以新型农业经营主体管理者道德风险作为中介变量的政府干预影响农业信贷担保风险的作用机理，采用 IV-Probit 模型和中介效应法，实证检验政府干预对农业信贷担保风险的影响及其传导机制，以识别政府干预这一因素对农业信贷担保风险的影响。

遵循 Zhang 等（2021）的研究思路，在借鉴中国邮政储蓄银行家庭农场（专业大户）贷款风险评级指标体系、农业信贷担保机构贷款担保风险评级指标体系的基础上，参考相关文献，建立农业信贷担保风险评价体系。本部分的自变量分为四类：核心自变量、工具变量、中介变量、控制变量。核心自变量为反担保方式；工具变量为固定资产情况；中介变量为新型农业经营主体管理者道德风险；控制变量为新型农业经营主体管理者非财务情况和财务情况，其中，非财务情况包括销售渠道、采购渠道、主营业务集中度、个人持续经营年限、个人订单情况、经营场地和主要结算方式七个指标，财务情况包括盈利情况、资产负债率、销售毛利率、经营性现金流入量和存货周转率五个指标。

（2）运用 2017 年 7 月至 2019 年 12 月我国 L 省农业信贷担保体系 510 户新型农业经营主体产生的真实数据，基于契约理论的研究范式，采用 IV-Probit 模型和中介效应法，实证检验以新型农业经营主体管理者风险态度作为中介变量的农业产业链中的关系契约对农业信贷担保风险的影响及其传导机制，以识别农业产业链中的关系契约这一外部机制对农业信贷担保风险的影响。

本部分的自变量分为四类：核心自变量、工具变量、中介变量、控制变量。核心自变量为农业产业链中的关系契约；工具变量为主要结算方式；中介变量为新型农业经营主体管理者道德风险；控制变量为新型农业经营主体管理者非财务情况和财务情况，其中，非财务情况包括销售渠道、采购渠道、主营业务集中度、个人持续经营年限、经营场地五个指标，财务情况包括盈利情况、资产负债率、销售毛利率、经营性现金流入量和存货周转率五个指标。

（3）在第一部分研究内容的基础上，通过分析引入政府干预机制对新型农业经营主体履约稳定性的影响，对农业信贷担保风险进行评价。使用反担保方式、管理者道德风险、个人订单情况、个人持续经营年限和盈利情况这五个指标共同组成农业信贷担保风险的五因素封闭系统，采用冲量过程模型，测算各个指标在不同时刻动量的均值和方差，用于有效预测政府干预冲击农业信贷担保风险的变化趋势和协调性，以评价农业信贷担保风险。

（4）在第二部分研究内容的基础上，通过分析引入农业产业链中的关系契约机制对新型农业经营主体履约稳定性的影响，对农业信贷担保风险进行评价。使用新型农业经营主体管理者的风险态度、个人持续经营年限、盈利情况、资产负债率、销售毛利率和农业产业链中的关系契约这六个指标共同组成农业信贷担保风险的六因素封闭系统，采用冲量过程模型，测算各个指标在不同时刻动量的均值和方差，用于有效预测农业产业链中的关系契约冲击农业信贷担保风险的变化趋势和协调性，以评价农业信贷担保风险。

（5）农业信贷担保机构不能为了规避代偿风险而提高授信标准，否则，这将导致农业信贷担保机构的业务覆盖面和普惠性降低；农业信贷担保机构也不能为了提高农业信贷担保的业务覆盖面和普惠性而降低授信标准，否则，这将导致农业信贷担保机构的代偿风险增加，收益无法覆盖亏损，不利于农业信贷担保机构的可持续性发展。因此，农业信贷担保风险的处理过程必须对自身具有的政策性和可持续性的双重属性进行动态权衡。

首先，本部分使用不完全信息动态博弈模型，在不引入任何外部机制的前提下，对农业信贷担保机构、银行和新型农业经营主体三者的博弈决策过程进行理论分析与数据模拟。其次，基于政府干预的研究视角，在农业信贷担保机构提高农业信贷担保的业务覆盖面和普惠性、降低授信标准的前提下，对农业信贷担保机构、银行和新型农业经营主体三者的博弈决策过程进行理论分析与数据模拟。再次，基于关系契约的研究视角，在农业信贷担保机构规避代偿风险、提高授信标准的前提下，理论分析与数据模拟农业信贷担保机构、银行和新型农业经营主体三者的博弈决策过程。最后，针对农业信贷担保政策性和可持续性的双重属性进行动态权衡，提出农业信贷担保机构、银行和新型农业经营主体三者风险最小化的动态平衡点，最终提出农业信贷担保项目风险处理的建议。

第四节　研究意义

农业信贷担保体系具有准公共产品的属性（政策性和可持续性的双重属性），客观而言，需要财政和金融工具协同向农业信贷担保体系提供服务支持。农业信贷担保体系运营和发展的根本目的在于为新型农业经营主体发展提供先导性的资金要素，并分散风险。近年来，为了促进新型农业经营主体发展，国家相继出台了较多的财政金融支持政策，加大了财政支持力度，同时引导金融机构积极创新，增强了金融服务的力度，财政金融满足新型农业经营主体发展资金需要方面的整体绩效有了明显的提高。其中，农业信贷担保体系通过不断的探索和实践，走出了一条适合我国农村经济发展特色的财政金融协同支持农业发展之路，对优化财政和金融资源配置起到了至关重要的作用。

一、理论意义

从农业信贷担保风险管理的理论层面来说，本篇的研究具有以下三点意义：

第一，采用实地调研、理论分析、描述性统计分析、实证分析和建立不完全信息动态博弈模型等方法，以"风险识别—风险评价—风险处理"的分析思路，对农业信贷担保风险产生诱因、风险评价和风险处理进行了总结和梳理，从而较全面且系统地研究了农业信贷担保风险管理的全过程，为农业信贷担保体系风险防范提供了坚实的理论基础。同时，通过政府干预和关系契约两个研究视角，理论分析政府干预和农业产业链中的关系契约对农业信贷担保风险的影响，这为我国相关部门针对农业信贷担保体系的政策性和可持续性的双重属性制定战略发展目标和全局规划提供了多角度的科学参考依据。

第二，从政府干预的研究视角来说，基于逆向选择与信贷市场上的配给制理论的分析框架，分析政府干预农业信贷担保市场从而诱发农业信贷担保风险的内在理论逻辑，并且在理论上识别、评价和处理政府干预这一外部机制对农业信贷担保风险的影响，在一定程度上拓展和丰富了逆向选择与信贷市场上的配给制理论在农业信贷担保领域的应用，为未来研究农业信贷担保风险管理提供了一种科学的理论参考依据。

第三，从关系契约的研究视角来说，基于契约理论的分析框架，分析农业产业链中的关系契约影响农业信贷担保风险的内在理论逻辑，并且在理论上识别、评价和处理农业产业链中的关系契约这一外部机制对农业信贷担保风险的影响，不仅在一定程度上拓展和丰富了契约理论在农业信贷担保领域的应用，而且为将一种科学的理论参考应用于农业信贷担保风险管理奠定了基础。

二、现实意义

农业信贷担保行业是国际上公认的高风险行业，风险管理是农业信贷担保机构的一项重要工作。本篇以获得的我国 L 省农业信贷担保机构授信额度的 510 户新型农业经营主体为研究对象，科学、合理地对农业信贷担保风险管理进行研究，这一研究对促进我国目前尚处在发展初期的农业信贷担保风险防范体系具有一定的现实意义。

第一，有针对性地设置担保产品可以帮助农业信贷担保机构有效规避风险。由于农业天生的弱质性，致使农业信贷担保风险的存在是必然的，农业信贷担保机构根据农业和新型农业经营主体自身的特点有针对性地设置农业信贷担保产品，可以有效帮助新型农业经营主体缓解"融资难"和"融资贵"的困境。同时，在农业信贷担保产品设计过程中，充分考虑农业信贷担保风险产生的诱因，有利于农业信贷担保机构更为有效地规避风险，从而促进农业信贷担保体系的可持续发展。

第二，有利于科学、合理地对农业信贷担保风险进行管理。在实践中，农业信贷担保风险识别、评价和处理仅仅依赖于评审人员的经验判断，极易引发农业信贷担保业务的操作风险和评审人员的道德风险。建立定量的、标准的风险识别、评价和处理标准，可以有效杜绝行政干预、"人情担保"和风险聚集与承受能力不匹配等现象，同时可以有效提升农业信贷担保风险管理的科学性和规范性。

第三，有利于提高财政支农资金的使用效率和银行资本流入"三农"领域的积极性。农业信贷担保体系建立的初衷在于解决新型农业经营主体"融资难""融资贵""融资慢"等问题，同时，农业信贷担保机构又是抵押、质押担保品不足而又有发展潜力和市场前景的新型农业经营主体获取融资提供保证的重要媒介，进行农业信贷担保风险管理研究，为农业信贷担保风险管理提供科学、合理的管理依据，不仅有利于降低农业信贷担保风险发生概率，而且可以有效提高财政支农资金的使用效率和银行资本流入"三农"领域的积极性。

第五节 研究方法

本篇注重理论联系实际，在调查研究的基础上对农业信贷担保风险的诱因进行理论分析，通过描述性统计分析方法深入探究农业信贷担保风险的诱因，并采用实证分析方法对理论具体化，最后总结结论、提出政策建议。具体研究方法如下：

一、实地调研方法

本篇以获得我国 L 省农业信贷担保机构授信额度的新型农业经营主体为实地调研对象，基于政府和市场两个维度，分析农业信贷担保风险的诱因。本篇所使用的数据主要来源于 L 省（不含 DL 市）13 个市及其下辖的 41 个市（县、区），获得的样本总数为 510 户的新型农业经营主体。实地调研的主要内容包括新型农业经营主体管理者的个人特征情况、财务情况和非财务情况。

二、理论分析方法

本篇以委托—代理理论为基础，从理论上解析农业信贷担保风险的诱因。

一是以逆向选择与信贷市场上的配给制理论为基础，基于政府干预的研究视角，构建政府干预对农业信贷担保风险的影响及其传导机制的理论框架；二是以契约理论为基础，基于关系契约的研究视角，构建农业产业链中的关系契约对农业信贷担保风险的影响及其传导机制的理论框架；三是采用冲量过程模型，理论分析在引入政府干预和农业产业链中的关系契约等外部机制时，其对新型农业经营主体履约稳定性的影响，从而评价农业信贷担保风险；四是理论分析农业信贷担保体系中农业信贷担保机构、银行、新型农业经营主体等各个参与主体的博弈过程；五是通过不完全信息动态博弈模型和调研数据，对各个参与主体的博弈过程进行理论推导和数据模拟；六是通过使用不完全信息动态博弈推断先验概率，计算参与主体的期望收益和求解贝叶斯均衡解。

三、描述性统计方法

本篇以获得的 510 户新型农业经营主体的样本为研究对象，从新型农业经营主体管理者风险态度、管理者道德风险、农业产业链中的关系契约和反担保方式等这些管理者资质情况，盈利情况、资产负债率、销售毛利率、经营性现金流入量和存货周转率等这些财务情况，销售渠道、采购渠道、主营业务集中度、个人持续经营年限、固定资产情况、主要结算方式等这些非财务情况，共三个维度统计农业信贷担保风险的诱因。

四、实证分析方法

本篇运用中介效应法、基于工具变量的 Probit 模型（IV-Probit 模型）等多种实证分析方法，在解决内生性和样本选择偏差问题的基础上，对农业信贷担保风险进行识别和评价。具体模型使用情况如下：一是基于政府干预和关系契约的研究视角，运用 IV-Probit 模型和中介效应法，在解决内生性和样本选择偏差问题的基础上，分别检验政府干预和农业产业链中的关系契约对农业信贷担保风险的影响及其传导机制，以达到识别农业信贷担保风险的目的；二是在农业信贷担保风险识别的基础上，基于政府干预和关系契约的研究视角，构建农业信贷担保风险系统，分析外部机制对新型农业经营主体履约稳定性的影响，并运用冲量过程模型，测算各个指标在不同时刻动量的均值和方差，用于有效预测农业产业链中的关系契约冲击农业信贷担保风险的变化趋势和协调性，以评价农业信贷担保风险。

五、博弈分析方法

本篇通过使用不完全信息动态博弈模型和农业信贷担保机构运用过程中产生的真实数据，针对农业信贷担保体系具有"政策性"和"可持续性"的双重属性，对农业信贷担保机构、银行、新型农业经营主体三者之间的决策博弈过程进行理论推导和数据模拟，最终确定农业信贷担保风险处理的优化方案。

本篇具体采用的统计和计量分析软件包括以下三种：①Excel软件；②SPSS 25.0软件；③Stata SE 15.0软件。笔者使用Excel软件和SPSS 25.0软件对原始数据进行基本处理和描述性统计分析，运用Stata SE 15.0软件进行计量回归分析。

第六节 可能的创新之处和研究不足

一、可能的创新之处

1. 研究视角方面

本篇在政府干预、关系契约的视阈下研究农业信贷担保风险管理的全过程，这为农业信贷担保风险管理提供了多角度的科学参考依据。

2. 研究理论方面

鲜有文献基于委托—代理理论的分析框架对农业信贷担保风险的诱因进行分析，更不用说考察农业信贷担保风险的传导机制。本篇运用委托—代理理论深入分析农业信贷担保风险形成的机理，这为未来研究农业信贷担保风险管理提供了一种科学的理论参考依据。

3. 风险管理测量工具方面

囿于数据的不可获得性，现有关于农业信贷担保风险管理的研究大多只停留在理论分析和使用 ST 上市公司数据进行理论模拟的阶段，并未涉及实证检验。本篇使用农业信贷担保机构发生的真实数据，综合运用 IV-Probit 模型、冲量过程模型和不完全动态信息博弈模型，分别对农业信贷担保风险识别、评价和处理进行实证分析和数据模拟，这为未来研究农业信贷担保风险管理提供了多种测量工具。

二、研究不足

1. 存在样本选择偏差、测量误差等问题

一是样本选择偏差问题。获得农业信贷担保机构授信样本中的部分新型农业经营主体是银行等金融机构向农业信贷担保机构推荐的征信情况良好、生产经营规模较大和自有资金充足的优质客户，这使本篇关注的部分获得农业信贷担保机构授信的新型农业经营主体是经过选择后的样本，可能存在样本选择偏差问题和内生性问题。二是政府干预程度测量误差问题。本篇借鉴农业信贷担保机构贷款担保风险评级指标体系中关于衡量政府干预程度的评价指标，将新型农业经营主体反担保方式作为政府干预程度的衡量指标。由于政府依托农业信贷担保机构为新型农业经营主体提供农业信贷担保服务，新型农业经营主体可以通过多种反担保方式获得银行信贷支持。新型农业经营主体管理者作为理性经济人，为了规避自身风险，可能倾向于选择信用担保和保证担保这两种反担保方式，这会导致政府干预程度测量出现误差。三是在调查过程中，新型农业经营主体为了提高信贷担保支持的可能性，其管理者可能靠推断给出了农业产业链中的关系契约问题的答案，这会导致测度出现偏差问题。

2. 研究领域相关问题有待深化和完善

农业信贷担保行业是一项高度专业化、综合性的金融服务行业，农业信贷担保研究不仅需要熟练掌握农村财政、农村金融、企业财务报表分析、农业信贷担保产品设计、农业信贷担保风险管理、担保法律等方面的知识，还要高度熟悉新型农业经营主体每个环节的运作和当地县（市）农业市场运行和政策执行情况。虽然笔者竭力学习和掌握农业信贷担保研究领域的相关知识，以期解决所提出的科学问题，但是由于农业信贷担保研究领域覆盖的广泛性，致使所提出的科学问题还有进一步深化和完善的空间。

第二章　相关文献及理论回顾

第一节　相关文献回顾

一、关于新型农业经营主体融资的研究

1. 关于新型农业经营主体资金需求的探讨

传统农业向现代农业转型的基础在于培育新型农业经营主体。由于农业属于弱质性产业，具有显著的效益溢出性，加之在培育初期，新型农业经营主体抵御风险的能力较弱，因此培育新型农业经营主体离不开土地、资金、劳动力、技术、管理、制度六大要素的支持（蒋例利、王定祥，2017）。但是，现实情况是，大多数新型农业经营主体正处于初创期或成长期，面临着诸多困难与挑战，如土地稳定流转难、政策支持不足、融资贷款难、公共服务不足、基础设施建设投入不足等（范晓霞，2013；钱克明、彭廷军，2013；张辉，2014）。

国内学术界对新型农业经营主体发展困境进行了研究，有学者选取了2006~2014年黑龙江省农业信息数据为样本，分析了新型农业经营主体发展的阻碍，提出"融资难"问题已成为制约新型农业经营主体发展和农业现代化进程的首要因素（姚凤阁、隋昕，2016）。学者们将新型农业经营主体"融资难"的原因大致归结为四个方面：一是新型农业经营主体的资金需求

额度大、期限长，主要用于生产性支出，传统的以小额贷款为主要特征的农村正规金融服务难以满足其需求（刘俊奇、周杨，2017）。二是相对于传统农户而言，新型农业经营主体的金融需求层次多、个性化明显，除了资金之外，对信息、财务政策、金融服务的需求力度也较大（杨大蓉，2014）。三是由于新型农业经营主体在资格认定、管理运作、信用评价等方面存在缺陷，导致新型农业经营主体难以获得传统金融的有力支持（楼栋等，2013；陈卫东，2013；朱文胜、王德群，2014）。四是囿于我国二元经济治理结构的不利影响，传统农村金融发展缓慢，目前"我国农村金融服务仍很难适应农村经济主体需求的发展"（林乐芬、法宁，2015；汪来喜，2016）。由此可见，新型农业经营主体"融资难"的问题日益突出，并成为制约其发展的核心要素。

国外没有新型农业经营主体的提法，类似融资问题的研究主要是关于农业合作社、家庭农场等的融资。理论研究者们一直认为融资问题是农业合作社、家庭农场等发展中面临的具有共性的难题，因此国外许多相关研究相应聚焦在合作社融资的重要性、制约因素、融资行为的影响因素等方面。Hart 和 Moore（1996）指出，合作社产权结构的模糊和剩余索取权的限制，使其在获得外部渠道的资金特别是公共债务时变得困难重重。Aghion 和 Bolton（1997）的研究显示，贷款能显著提高低收入阶层的生活水平，这里的低收入阶层实际上也包括合作社社员和家庭农场主。Duong 和 Lzumida（2002）在运用托宾回归模型分析农户融资行为时发现，教育水平、年龄、借款用途和所处区域等因素对农户融资渠道的选择具有不同程度的影响。

2. 关于财政金融服务新型农业经营主体效果的探讨

新型农业经营主体需要财政和金融协同服务提供支持，以获得发展所需要的先导性资金要素，并分散农业生产经营活动中产生的风险。近年来，为了促进新型农业经营主体发展，国家相继出台了较多的财政金融协同支农的政策。在加大财政支持力度的同时，也引导金融机构积极创新，将金融活水引入"三农"领域，在一定程度上增强了金融机构服务"三农"的力度，使我国用于培育新型农业经营主体的财政金融服务整体绩效有了明显的提高（林乐芬、法宁，2015）。有学者以山东省胶州市农户调查数据为样本，实证检验政府财政和农村金融机构对新型农业经营主体发展的影响，结果表明政府提供的财政支持和金融机构提供的金融服务支持对种养大户、家庭农场、农民合作社以及农业龙头企业的培育都具有显著的正向促进作用（汪艳涛等，2014）。

但是，我们必须清醒地认识到农村金融仍然是我国金融体系中最薄弱的环节，主要表现在农村金融市场供求不平衡，农村金融服务覆盖面及供给规模、服务质量不足，农村金融适度竞争局面还没有形成（董晓林、朱敏杰，2016）。除了吉林延边等少数地区，大部分地区没有专门针对新型经营主体的贷款支持政策。在山东、安徽等地，新型经营主体和普通农户一样，缺乏金融机构规定的贷款抵押物，因而很难得到贷款（孔祥智，2014）。由于金融机构的营利性和涉农行业的薄利性，有些新型经营主体的融资成本过高，实际上已经沦为金融机构的"打工仔"，导致其发展步履维艰（刘勇等，2016）。同时，财政服务绩效不稳定的问题也日趋凸显，表现在财政支农政策的导向性和实效性不够突出等方面。例如，对新型农业经营主体缺乏有效的支持政策；新型农业经营主体发展所需要的项目政府没有扶持计划和资金支持；政策难以实施有效监督且运行成本较高，导致政策的实施效率不高（刘勇等，2016；王定祥等，2017）。温涛和董文杰（2011）收集我国30个省份农村的样本信息开展研究，对比分析财政支农与金融支农的效果，结果显示财政支农政策对农村经济发展的促进作用日益增强，而金融支农效果日趋减弱。刘婷婷（2016）以中国家庭微观调查数据为基础，通过建立随机边界模型测度了农业生产经营的财政金融支持效果，结果表明绝大多数新型农业经营主体农业生产经营项目仍面临着较严峻的融资约束困境。

新型农业经营主体的财政金融服务一直是国外研究的热点问题。20世纪90年代，学术界就强调政府应当利用财政金融政策对传统农业进行改造，促进农业现代化发展。此后，越来越多的研究者关注财政金融服务促进农业现代化发展的机理。例如，Bourgeon和Chambers（1999）认为，农业生产组织受信息不对称的影响，导致农业对财政金融服务利用率较低。Allanson（2006）运用基尼系数对苏格兰地区政府的财政支农补贴与农民收入之间的关系进行了研究，结果显示财政支农对农业增产和农民增收没有显著效果。Gosa和Fether（2010）认为，在众多支农服务方式中，财政支持、公共基金和政策性信贷支农方式对新型农业经营主体发展更为高效，而且在一定程度上降低了获得资金的成本，但同时也削弱了农村金融市场的竞争性，减少了金融机构的利润空间。所以，学者们提出要通过完善农业信贷担保体系、建立财政金融支农联动机制来化解新型农业经营主体"融资难"和"融资贵"的困境（江维国，2014）。

二、关于政府干预的研究

关于政府干预和农业信贷担保风险的研究成果较为丰富，部分学者对政府干预农业信贷市场进行了大量且深入的研究，部分学者检验了政府干预对农业信贷风险的影响。

1. 关于政府干预农业信贷市场的探讨

国内外学者对政府干预农业信贷市场存在完全对立的两种观点。第一种观点认为政府是农业信贷市场的"援助之手"。这主要基于以下两种视角：一是基于农业信贷主体微观视角。部分学者认为政府干预农业信贷市场可以使农业信贷资金规模和效率得到更优配置（刘海明、曹廷求，2015；朱涛等，2016）。二是基于社会福利视角。部分学者认为在政府比农业信贷市场具有更充分"市场失灵"的信息前提下，可以使农业信贷市场获得帕累托改善（范学俊，2008）。第二种观点认为政府是农业信贷市场的"攫取之手"。这主要基于以下两种视角：一是基于信贷供给抑制视角。部分学者认为政府干预使农业信贷市场对信贷主体类型产生认知偏差，以达到提高政府干预收益的目的（张璟、刘晓辉，2006；李富有、李新军，2014）。二是基于信贷主体融资约束视角。部分学者认为政府指令性强制干预农业信贷市场，导致农业信贷资源配置往往倾向于国有及大型农业企业，家庭农场、专业合作社等新型农业经营主体则面临严重的"信贷歧视"，从而加剧了农业信贷主体融资约束（McKinnon，1973；Dutta and Kapur，1998；朱鸿鸣、赵昌文，2015；王珏等，2015；邹伟、凌江怀，2018；王凤荣、慕庆宇，2019）。

2. 关于政府干预影响农业信贷风险的探讨

处理好政府干预行为与农业信贷风险的关系是引导金融资源高效助力农业发展的内生需要。国内外学者关于政府干预影响农业信贷风险的探讨，主要基于以下三种视角：一是基于农业信贷供给资源配置视角。部分学者认为政府干预会剥夺银行部分信贷自主权，导致农业信贷供给资源"错配"，在政府干预与农业信贷供给资源"错配"交互影响下，会诱发农业信贷风险

(Matthews et al.，2007；陈雨露、马勇，2010）。二是基于政府干预市场失灵视角。部分学者认为政府在解决农业信贷市场不完全竞争、不完全信息和抵押担保品缺失等市场失灵问题时，由于政府"寻租"行为和政策间断等，导致银行经营目标与农业信贷市场规律背离，反而诱发了信贷风险（王连军，2011；李江华、施文泼，2013）。三是基于政府干预意愿和能力的视角。部分学者认为在地方政府财权和事权两权分离等影响下，政府干预农业信贷市场这一政府调控行为会降低银行对农业信贷主体的筛选标准和担保要求，导致债务契约的违约率升高，从而诱发了农业信贷风险（谭劲松等，2012；陈德球等，2013；王守坤，2015；邹伟、凌江怀，2018）。

三、关于关系契约的研究

关于农业产业链中的关系契约和农业信贷担保风险的研究较为丰富，部分学者对农业关系契约形式进行了大量研究，部分学者检验了农业契约对缔约双方违约风险的影响。

1. 关于农业关系契约形式的探讨

农业关系契约又称契约农业或订单农业，部分学者认为居于农业产业链中的生产经营主体、农业中介组织和新型农业经营主体之间的契约形式是一种农业产业组织形态（聂辉华，2013），主要有两种表现形式：一是"新型农业经营主体+生产经营主体"。部分学者认为，由于缔约双方处于信息不对称环境下，极易引发道德风险和逆向选择问题，因此这种模式面临较高的违约风险（Arrow，1985；周立群、曹利群，2002；刘凤芹，2003；李彬，2013）。二是"生产经营主体+中介组织+新型农业经营主体"。部分学者基于交易费用视角，阐述了缔约双方为了减少交易费用会引入中介组织，而中介组织的介入可以有效约束缔约双方的机会主义行为，因此这一契约模式可以从根本上降低违约风险（赵西亮等，2005；王亚静、祁春节，2007；生秀东，2007）。

2. 关于农业关系契约对缔约双方违约风险影响的探讨

在契约的不完全性和参与主体的机会主义倾向的影响下，不论是长期还是短期契约，都可分为显性契约和隐性契约两种形式（Klein et al.，1978；王亚静、祁春节，2007；周力、龙子妍，2019）。而不完全性农业关系契约包含了市场风险、违约风险、道德风险等诸多风险（李彬，2013）。部分学者认为在市场风险冲击下，农业关系契约可以有效保护生产经营主体利益（Wang et al.，2014），因此会显著提高生产经营主体加入"新型农业经营主体+生产经营主体"契约模式的概率（Ligon，2003；曹洪盛等，2018），但是由于生产经营主体与新型农业经营主体之间存在严重的信息不对称问题（李彬，2013），在这一模式中，新型农业经营主体更倾向于选择隐性违约，将自身风险转嫁给生产经营主体。同时，这种隐性违约会使生产经营主体的生产经营风险上升（周力、龙子妍，2019）。部分学者认为在农业契约关系中，建立长期的利益分配机制，用于激励新型农业经营主体选择生产经营主体希望的行为，可以有效降低新型农业经营主体道德风险发生的概率（刘凤芹，2003；李彬，2013；陈训波、孙春雷，2013；曹洪盛等，2018）。

因此，在借鉴前人研究成果的基础上，本篇对农业产业链中的关系契约作出如下界定：新型农业经营主体依托农业产业链与生产经营主体缔结契约关系时，由于关系契约的不完全性，在契约中不可避免地存在未列明或不清晰的条款内容，当新型农业经营主体针对关系契约的不完全性选择机会主义行为时，外部监管机构难以通过契约中的条款内容依法追究违约责任，生产经营主体只能通过保障全部或部分新型农业经营主体收益以规避新型农业经营主体选择机会主义行为的利益分配激励机制。

四、关于农业信贷担保风险诱因的研究

现有文献主要从农业产业链融资担保、农业信贷担保机构与新型农业经营主体之间存在的不完全信息和农业信贷担保机构、农业生产经营主体之间缔结的契约类型与农业产业分化四个方面研究了农业信贷担保风险的诱因。第一，部分学者认为，在农业产业链融资担保中，农业信贷担保机构基于互联关系型契约模式，为与新型农业经营主体达成契约关系的农户提供信贷担保服务，新型农业经营主体为农户提供反担保，但是由于新型农业经营主体与农户之间存在着严重的信息不对称，导致新型农业经营主体丧失了部分对农户的监督权利，这可能加大了农业信贷担保风险（刘志荣，2016；许黎莉、陈东平，2019）。第二，部分学者认为，由于农村征信体制不健全，新型农业经营主体和农业信贷担保机构之间存在着严重的信息不对称问题，极易引发新型农业经营主体管理者的逆向选择和道德风险,这正是农业信贷担保发生代偿风险的主因(Besley and Coate,1995;Udoh et al.,2016;唐弋夫、姚领,2017;范亚莉等,2018;许黎莉等,2019)。第三,部分学者认为,农业信贷担保风险的诱因源于可供新型农业经营主体选择的契约类型单一,根据契约作用主体不同分为以下两个层面:一是由于新型农业经营主体与农户缔结的契约类型单一,导致新型农业经营主体与农户之间在不完全信息动态博弈关系中无法约束农户的机会主义行为,降低了新型农业经营主体的还款能力,从而诱发了农业信贷担保风险;二是由于农业信贷担保机构建立时间尚短,可供新型农业经营主体选择的契约类型单一,无法有效约束新型农业经营主体选择机会主义行为,从而导致新型农业经营主体违约概率升高(张杰,2011;许黎莉、陈东平,2017;许黎莉等,2019)。第四,部分学者认为,随着我国农业产业化水平的提高,农业生产经营的多样化促进了新型农业经营主体逐渐分化成不同类型,农业产业分化激励新型农业经营主体向规模化、专业化、商品化经营转变,这会促进新型农业经营主体主动收集、学习和积累生产经营相关知识,以提升风险认知水平,而当新型农业经营主体管理者拥有较高的风险认知水平时,信用观念增强,违约认知程度加深,农业信贷担保违约概率就会相应降低(Zhang et al.,2021)。

五、关于农业信贷担保风险评价指标的研究

目前围绕农业信贷担保风险评价指标的研究主要基于以下两个方面:一是关于财务指标方面的研究;二是关于非财务指标方面的研究。

关于财务指标方面的研究,约翰·穆勒、康芒斯等学者认为代理方的偿债能力是评价信贷风险的关键因素。在此基础上,我国部分学者认为代理方的盈利能力是影响金融机构信贷风险的关键因素(李志辉、李萌,2005;刘祥东、王未卿,2015)。顾海峰(2013)运用多层次系统模糊综合评判法,从理论上证明了代理方的发展潜力和创新能力是有效识别金融机构信用风险的主要影响因素。代理方成长性和短期偿债能力最能反映企业的信用状况(刘祥东、王未卿,2015)。代理方流动资产速动比率、总资产周转率、总资产报酬率、应收账款平均周转天数及银行资产负债比等财务要素均与贷款违约呈相关关系(葛永波等,2017;满向昱等,2018)。

关于非财务指标方面的研究，管晓永（2008）通过案例分析发现，管理者品格是代理方信用的重要影响因子。有学者运用模糊数学理论证明，评价代理方的现金流量和信誉是高效识别担保风险目标的有效路径（顾海峰，2010；刘祥东、王未卿，2015）。也有部分学者认为代理方管理者与委托方的合作年限、管理者年龄、雇工人数、抵质押总额占贷款余额比例、企业规模与代理方的违约行为密切相关（郭小波等，2011；葛永波等，2017；满向昱等，2018）。吕德宏和朱莹（2017）认为农户类型的进一步分化可以有效降低金融风险。许黎莉和陈东平（2019）认为农户的"声誉"在互联关系型合约担保过程中有效抑制了农户的道德风险。

六、关于农业信贷担保风险处理的研究

1. 关于政府干预的探讨

部分学者认为农业信贷担保体系的成功运作需要一些前提条件，如宏观经济的稳定性、充分的监管和法律框架、金融部门的改革和现代化、形成高于成本的收益和对公共部门的行为构成约束，很多担保体系的失灵都与其政治渊源、设计和实现等方面密切相关，因此一定要避免担保体系的管理中出现政府过度干预，确保管理的专业性不受侵害，避免出现偏离担保项目目标的风险。同时，也有学者认为担保体系的增加效应不应该完全以更多的贷款数目和更大规模的借贷行为来衡量，而是应当根据通过条件改善而实现的其他优势来衡量，如更长的贷款期限、以反担保形式体现的较低抵押要求、较低的成本和利率。

有学者通过对福建省农村信用担保机构发展状况进行调查分析，认为政府财政应建立中央、省、地、县四级风险补偿专项基金，财政相关部门应防止出现农村信用担保公司不担保和脱离农业经济金融环境发展的情况（黄庆安，2011）。也有学者以甘肃省为例，从供需两方面论证财政支持建立农业信贷担保体系，分析认为应从政府财政设立农业信贷担保基金以灵活缓解财政压力、保证资金的长效性投入，政府财政应通过政策引导和资金支持建立风险分散和保障机制，财政应加大对产权市场、信用体系、人才队伍等方面建设的支持力度，以及财政监督资金运用四个方面建立农业信贷担保体系（赵瑾璐等，2011）。还有学者认为财政对农村中小企业信用担保行业的支持需要从提升功能、防范风险和改善环境三个方面着手，从而促进该体系担保功能的有效发挥，实现促进中小企业发展的政策目标（贾康，2012）。张长利和蒋陈（2016）通过对湖南省西北部三个乡镇的实地调查，提出农村信贷担保应从完善农村信贷担保法律体系、拓宽农村信贷担保物范围、创新农村信贷担保方式、加大对信用担保机构的财税支持、促进农业保险与农村信贷相结合、推进农村信用体系建设六个方面建立政策性农业信贷担保体系。

2. 关于拓宽抵押、质押物范围视角的探讨

部分学者认为，信用担保运行机制不能作为金融改革的有效替代品。担保运行机制实际上可能增加了信息不对称、提高了交易成本，而不是减少了这些问题的存在。他们认为，抵押品是小企业获取贷款的主要障碍，而担保运行机制实际上成了这些弱势借款人的替代抵押品，贷款担保运行机制给金融市场带来了额外的交易成本（Riding and Haines，2001）。部分学者认为政府应在修改相关担保法律法规的基础上，允许土地承包经营权、宅基地使用权、农村房屋、村民将来取得的财产作为抵押担保品，以扩大可担保物的范围，支持农村信用担保的可持续进行（高圣平、刘萍，2009）。还有学者认为农村信用担保应灵活运用各种新型担保组合方式，以多种担保手段相结合的担保制度创新，解决农民"贷款难"、银行"放款难"、农户"还款难"、银行"收款难"的"四难"问题（宋冬凌，2010）。

部分学者从产权视角分析，认为优化农地产权权能、修改和完善相关法律制度、放宽现行法律中关于农村抵押担保物的范围，同时加快土地产权市场的建立、提高农村金融机构的创新动力，是建立农村担保融资制度的创新策略。也有学者在厘清信用担保形式的内涵和边界的基础上，构建了"二元结构，四种层次，n类形式"的信用担保体系，认为当前农村信用担保体系创新的核心是担保形式的创新，下一阶段的突破点是抵押担保深化和信用资源开发（田静婷，2012；韩喜平、金运，2014）。部分学者认为农业担保机构可以根据融资主体的不同因地制宜地尝试保证、生产机器设备抵押、交通工具抵押、经营权及有价单证质押、存货质押、法定代表人个人财产抵押、公务员担保、不动产抵押等反担保措施（刘志荣，2016）。

3. 关于构建内外部制度体系视角的探讨

部分学者较早提出并系统分析了担保的放大机制。担保资产的价格和借

款人的担保能力及借款能力之间的相互作用形成了一个动态传播机制，使经济波动的影响被放大和扩散，这无形中增加了担保的风险。因此，制定合理的担保放大机制，将有效控制担保的风险（Kiyotaki and Moore，1997）。有学者以英国的信用担保机制为研究对象，采用实证的方法证明了英国的信用担保计划有助于促进信用受限的小公司获得信贷支持，证实了英国的信用担保机制能够实现其主要目标（Cowling，2007）。

部分学者从制度冲突视角出发，认为可以选择从创新法规、完善产权市场、规范中介机构、强化风险保障四个方面的制度，创新农村担保，解决"担保难"问题（吴杰等，2010）。有学者以山东省青州市东夏镇农村信贷调查为依据，认为应规范信贷市场，完善金融服务，发展农业保险和农户信贷保证保险，完善信用等级评定等外部机制，给予农村信贷担保外部支持（法文宗，2010）。还有学者从湖南省邵阳市农村信贷担保的实际情况出发，认为健全农村信贷担保法律法规、加强政府对农村信贷的引导和保障、规范担保中介机构的发展与运营、推动农村产权市场及评估机制建设、逐步完善"三农"保险体系、不断完善农村信用体系建设是完善农村信用担保机制的有效途径（李昌齐，2013）。

4. 关于与银行的对接机制视角的探讨

部分学者认为金融机构与农业信贷担保公司应通过与农业供应链、产业链对接，获取相关农业生产与行业前景信息，为公司内部人员对农业行业的判断提供依据。同时，还可以派驻信息员前往农村、中小企业进行实地考察，或在放贷点设立信息基地，获取农业和生产方面的一手资料，还可以通过与合作经济组织合作或向担保对象派驻财务人员进行信息核查，解决信息不对称的问题（朱乾宇、马九杰，2012）。部分学者认为农业信贷担保体系的建设应重点解决金融机构和农业经营主体之间的信息不对称，按照"微利可持续"的原则建立考核评价指标体系，以完善银担风险分担机制、明确代偿追偿顺序为核心，建立风险补偿及救助机制（马九杰等，2016）。还有学者认为对于担保机构担保的信贷担保，政府可以与银行协商降低利率水平，并通过财政贴息等方式按比例补偿银行的利息损失。为促进金融机构与担保机构加强合作，政府还应将政策性贷款贴息资助的农业项目适度向农业信贷担保机构倾斜（刘志荣，2016）。

七、研究述评

综上所述,国内外信贷担保研究成果较多、内容丰富,为本篇系统研究农业信贷担保风险管理提供了重要的理论借鉴和研究思路。国内学者结合我国的具体国情和农业农村的区域差异在农业信贷担保风险管理问题上进行的探索给了我们有益的启示,国外学术界对农业信贷担保风险管理问题的研究为我国农业信贷担保风险管理同样提供了重要参考和借鉴。在既有研究的基础上,通过梳理相关文献,我们可以发现:与传统农业担保风险管理相比,现阶段农业信贷担保风险管理发生了显著变化。这主要体现在三个方面:一是鲜有文献基于政府依托农业信贷担保机构干预农业信贷担保市场这一新兴市场的视角,关注政府干预对农业信贷担保风险的影响;二是鲜有文献基于新型农业经营主体这一居于农业产业链核心地位的新兴群体依托农业产业链所形成的关系契约视角,关注关系契约对农业信贷担保市场这一新兴市场的影响;三是已有文献缺乏基于政府干预和关系契约双重视角对农业信贷担保风险管理的研究,更不用说构建农业信贷担保风险管理的机制。随着农业信贷担保市场的进一步发展和农业信贷担保体系的进一步完善,已有文献对这些问题仍然缺乏相对系统的研究,没有形成逻辑性强、框架完整的思路。因此,本篇将在前人理论研究和现实需求的基础上,展开对农业信贷担保风险管理机制的全新探索。

第二节 理论回顾

一、风险管理理论

风险管理理论起源于美国。1925 年,法国管理学家亨利·法约尔在《工业管理与一般管理》一书中首次提出把风险管理与企业经营相结合的思想。1929~1933 年,世界性经济危机爆发,美国约有 40% 的银行和企业破产。在此背景下,学术界掀起了风险管理研究的热潮。1993 年,首席风险官

（CRO）职务的出现，标志着风险管理已经由传统风险管理向现代风险管理过渡。1999年，《巴塞尔新资本协议》发布，协议中将市场风险和操作风险纳入资本约束范畴，同时引入资本充足率、监管部门监督检查和市场纪律三大监管支柱管理企业风险，这三大监管支柱成为推动全面风险管理理论成熟的重要力量。

风险管理理论将风险管理过程分解为三个步骤，分别是风险识别、风险评价和风险处理。风险管理理论认为风险管理不只是对单个业务的风险进行管理，而是从整个系统的角度出发，管理所有风险集合。

二、委托—代理理论

委托—代理理论来源于企业管理理论。20世纪30年代，伯利和米恩斯发现企业所有者兼具经营者身份的做法存在极大的弊端，针对这一弊端，他们在1932年出版的《现代公司与私有财产》一书中提出了著名的"两权分离"假说，即所有权和控制权分离。20世纪70年代，学术界开始深入研究企业内部信息不对称和激励等问题。1973年，罗斯率先对委托—代理进行了概念界定，1976年，詹森和麦克林提出了代理成本理论。委托—代理关系本质上是一种企业内部的授权关系，即委托人通过关系契约将决策权授予代理人的关系。

委托—代理理论试图对以下问题进行模型化处理：在一个经济活动中，有两方参与，分别是委托人和代理人，委托人想使代理人在选择经济行为时以实现委托人的利益最大化为目标，但是在实际经济活动中，由于信息不对称等客观因素，致使委托人不能清晰或直接地观测到代理人选择了什么行为，能观测到的只是一些变量，这些变量由代理人的行为和其他的外生随机因素共同决定，因而充其量只是代理人行为的不完全信息，因此委托人面临的问题是如何根据这些观测到的信息来制定对代理人的奖惩机制，从而达到激励代理人选择使委托人利益最大化的行为的目的。

三、逆向选择与信贷市场上的配给制理论

信贷配给是信贷市场上存在的一种典型现象。这里的信贷配给指的是如下两种情况：一是在所有贷款申请人中，一部分人得到贷款，另一部分人被

拒绝，被拒绝的申请人即使愿意支付更高的利息也不能得到贷款；二是一个给定申请人的借款要求只能部分地被满足。根据新古典价格理论，市场价格（这里表现为利率）的自动调整会使对信贷资金的需求等于供给。那么，为什么会存在信贷配给？传统上，经济学家将信贷配给解释为由外部振动引起的一种暂时的非均衡现象，或者将其解释为政府干预的结果（如政府人为地规定利率上限导致需求大于供给）。然而，Stiglitz 和 Weiss（1981）证明，即使没有政府干预，由于借款人方面存在的逆向选择和道德风险行为，信贷配给也作为一种长期均衡现象存在。直观地讲，银行（放款人）的期望收益取决于贷款利率和借款人还款的概率两个方面，因此，银行不仅关心利率水平，而且关心贷款的风险。如果贷款风险独立于利率水平，在资金的需求大于供给时，银行可以通过提高利率增加自己的收益，不会出现信贷配给问题。然而，当银行不能观察借款人的投资风险时，提高利率将使低风险的借款人退出市场（逆向选择行为），或者诱使借款人选择更高风险的项目（道德风险行为），从而使银行放款的平均风险上升。这里的原因是，那些愿意支付较高利息的借款人正是那些预期还款可能性低的借款人。因此，利率的提高可能降低而不是增加银行的预期收益，银行宁愿选择在相对低的利率水平上拒绝一部分贷款要求，而不愿意选择在高利率水平上满足所有借款人的申请，这时信贷配给就出现了。

四、契约理论

契约理论的参与主体即为代理人与委托人。代理人是指拥有私人信息的参与人；委托人是指不拥有私人信息的参与人。

在契约理论中，非对称性信息的划分标准是从以下两个视角进行的：一是从基于产生非对称性信息时间的视角来看，非对称性信息可能发生在代理人与委托人签订契约之前，也可能发生在代理人与委托人签订契约之后，分别称为事前非对称和事后非对称。研究事前非对称性信息博弈的模型称为逆向选择模型，研究事后非对称性信息的模型称为道德风险模型。二是从基于非对称性信息内容的视角来看，非对称性信息可能是指某些参与人的行为，也可能是指某些参与人的知识。

契约理论试图模型化如下一类问题：委托人想使代理人按照自身的利益

最大化选择行为，但委托人不能直接观测到代理人选择了什么行为，能观测到的只是一些变量，这些变量由代理人的行为和其他的外生随机因素共同决定，因而充其量只是代理人行为的不完全信息，因此委托人的问题是如何根据这些观测到的不完全信息来设计契约关系，以激励代理人选择使委托人利益最大化的行为。

五、不完全信息动态博弈理论

1944 年冯·诺依曼和奥斯卡·摩根斯特恩合著的《博弈论与经济行为》形成了现代博弈论的基本分析框架，标志着系统的博弈论初步形成。20 世纪 50 年代，美国数学家纳什明确提出"纳什均衡"这一概念，将"瓦尔拉斯均衡"突破到"纳什均衡"，使经济学中的均衡问题发生了质变。但是，"纳什均衡"严格依赖于现实博弈环境难以满足的"完全信息"假设，即所有博弈参与人均知道博弈的结构、博弈的规则和支付函数。针对"纳什均衡"中"完全信息"假设的缺陷，哈萨尼在"纳什均衡"的基础上吸收了贝叶斯研究成果，以贝叶斯定理为出发点，建立了不完全信息博弈模型，从而拓展了"纳什均衡"的应用范围。

不完全信息动态博弈理论认为，"自然"首先选择参与人的类型，参与人自己知道，其他参与人不知道；在自然选择之后，参与人开始行动，参与人的行动有先有后，后行动者能观测到先行动者的行动，但不能观测到先行动者的类型。但是，因为参与人的行动是类型依存的，每个参与人的行动都传递着有关自己类型的某种信息，后行动者可以通过观察先行动者所选择的行动来推断其类型或修正对其类型的先验信念（概率分布），然后选择自己的最优行动。当先行动者预测到自己的行动将被后行动者所利用时，就会设法选择传递对自己最有利的信息，避免传递对自己不利的信息。因此，博弈过程不仅是参与人选择行动的过程，而且是参与人不断修正信念的过程。精炼贝叶斯均衡是不完全信息动态博弈均衡的基本均衡概念，它是泽尔腾的完全信息动态博弈子博弈精炼纳什均衡和哈萨尼的不完全信息静态博弈贝叶斯纳什均衡的结合。精炼贝叶斯均衡要求给定有关其他参与人的类型的信念，参与人的战略在每一个信息集开始的后续博弈上构成贝叶斯均衡，并且在所有可能的情况下，参与人使用贝叶斯法则修正有关其他参与人的类型的信念。

第三章 调研设计及样本描述性统计

本章基于第二章的相关文献回顾和理论基础，主要介绍本篇所获取数据的变量设置、数据来源及描述性统计分析样本的特征。第一节主要是调研设计，进行调查说明，以及介绍农业信贷担保风险管理指标选取及参考依据、变量设置的思路、变量的主要内容；第二节主要使用描述性统计分析方法从总体样本的管理者资质情况、管理者财务情况和管理者非财务情况三个维度对农业信贷担保风险进行分析。

第一节 调研设计

一、调查说明

本篇数据来源于 L 省农业信贷担保体系业务所产生的真实数据，数据产生时间为 2017 年 7 月至 2019 年 12 月。由于 DL 市属于我国计划单列市，拥有省一级的经济管理权限，L 省农业信贷担保体系并未覆盖到 DL 市，因此本节选取 L 省（不含 DL 市）33 家银行向农业信贷担保体系提供并获得担保授信额度的新型农业经营主体，新型农业经营主体涵盖副业、种植业、渔业养殖业、畜牧养殖业四大类，共计 510 户。其中，449 户新型农业经营主体正常履约，有 61 户新型农业经营主体出现了推迟还款、欠息、无能力或者拒绝归还银行等金融机构贷款而造成违约行为的现象，后者占比为 11.96%。副业违约新型农业经营主体10户，占该类新型农业经营主体的比例为6.62%；畜牧养殖业违约新型农业经营主体16户，占该类新型农业经营主体的比例为8.51%；渔业养殖业违约新型农业经营主体21户，占该类新型农业经营主体的比例为25.61%；种植业违约新型农业经营主体14户，占该类新型农业经营主体的比例为15.73%。新型农业经营主体类型划分及占比如表3-1所示。

表3-1 新型农业经营主体类型划分及占比

新型农业经营主体类型	划分标准	户数（户）	占比（%）
副业	生产经营项目预期年收入达50万元以上	151	29.61
畜牧养殖业	生猪年存栏在500头以上；肉牛、奶牛、肉驴年存栏在50头以上；羊年存栏在200只以上；肉鸡年存栏在20000只以上；肉鸭年存栏在10000只以上；蛋鸡年存栏在10000只以上；养殖其他大中型动物的，存栏量在500头以上；养殖其他小型动物的，存栏量在10000以上	188	36.86
渔业养殖业	精养鱼、虾、河蟹池150亩以上；大湖、水库散养面积达1000亩以上	82	16.08
种植业	关于粮食种植，面积达200亩以上或项目预期年收入达30万元以上。关于蔬菜种植，项目预期年收入达50万元以上或达到如下经营规模：日光温室蔬菜种植面积15亩以上，非日光温室蔬菜种植面积50亩以上	89	17.45
合计		510	100

资料来源：https://mp.weixin.qq.com/s/-cU4-UEyry8OywL6h_x4_Q。

我国财政部、农业农村部从2015年起调整完善农业"三项补贴"政策，将20%的农资综合补贴资金，加上种粮大户补贴试点资金和农业"三项补贴"增量资金，每年大约230亿元，统筹用于支持粮食适度规模经营，并明确三年内重点用于支持建立完善农业信贷担保体系，以解决新型农业经营主体"融资难"和"融资贵"难题。截至2019年3月，国家农业信贷担保联盟有限责任公司和33家省级农担公司先后成立，累计设立市（县）分支机构521家，与地方政府或其他金融机构合作设立1017家业务网点，基本实现对全国主要农业县的全覆盖。在这样的政策背景下，L省（不含DL市）农业信贷担保风险受到哪些因素的影响，农业信贷担保风险管理体系是否能有效防范风险，这些都是需要关注的问题。

2017年7月至2019年12月，笔者在L省全省范围内（不含DL市）共调研13个市，41个市（县、区），获得新型农业经营主体样本总数为510户。PJ市共调研4个市（县、区），样本数为43户，其中DW区获得样本数量最多，为21户，而PS县、STZ区、XLT区样本数分别为18户、2户和2户，四者分别占PJ市样本数的48.84%、41.86%、4.65%和4.65%，占总体样本数的4.12%、3.53%、0.39%和0.39%；BX市共调研3个市（县、区），样本数为27户，其中BX满族自治县获得样本数量最多，为23户，占BX市样本数的85.19%和总体样本数的4.51%，而PS区、MS区样本数分别为2户和2户，分别占BX市样本数的7.41%和7.41%，三者分别占总体样本数的4.51%、0.39%和0.39%；JZ市共调研4个市（县、区），样本数为29户，HS县、Y县、LH市、BZ市样本数分别为18户、6户、4户和1户，分别占JZ市样本数的62.07%、20.69%、13.79%、3.45%，占总体样本数的3.53%、1.18%、0.78%、0.20%；CY市共调研5个市（县、区），样本数为24户，其中BP市样本数最多，为8户，而KLQ左翼蒙古族自治县、CY县、JP县、LY样本数市分别为7户、5户、2户和2户，五者分别占CY市样本数的33.33%、29.17%、20.83%、8.33%和8.33%，占总体样本数的1.57%、1.37%、0.98%、0.39%和0.39%；YK市共调研2个市（县、区），样本数为3户，DSQ市、GZ市样本数分别为2户和1户，分别占BX市样本数的66.66%和33.33%，占总体样本数的0.39%和0.20%；FX市共调研5个市（县、区），样本数为83户，其中ZW县获得样本数量最多，为50户，占FX市样本数的60.24%和总体样本数的9.80%，而FX蒙古族自治县、TP区、XH区和HZ样本数分别为30户、1户、1户和1户，分别占FX市样本数的36.14%、1.20%、1.20%和1.20%，占总体样本数的5.88%、0.20%、0.20%和0.20%；TL市共调研4个市（县、区），样本数为15户，CT县、KY市、QH区和YZ区样本数分别为6户、6户、2户和1户，分别占TL市样本数的40.00%、40.00%、13.33%、6.67%，占总体样本数的1.18%、1.18%、0.39%、0.20%；FS市共调研2个市（县、区），样本数为2户，FS县和XB满族自治县样本数分别为1户和1户，分别占FS市样本数的50.00%和50.00%，占总体样本数的0.20%和0.20%；SY市共调研7个市

（县、区），样本数为54户，其中LZ区获得样本数量最大，为30户，而KP县、XM市、YH区、FK县、SB新区和HN区样本数分别占SY市样本数的55.56%、24.07%、7.41%、5.56%、3.70%、1.85%和1.85%，占总体样本数的5.88%、2.55%、0.78%、0.59%、0.39%、0.20%和0.20%；HLD市共调研5个市（县、区），样本数为26户，其中SZ县获得样本数量最多，为12户，占HLD市样本数的46.15%和总体样本数的2.35%，而XC市、NP区、JC县和LG区样本数分别为7户、3户、2户和2户，分别占HLD市样本数的26.92%、11.54%、7.69%和7.69%，占总体样本数的1.37%、0.59%、0.39%和0.39%；AS市共调研5个市（县、区），样本数为53户，其中HC市和TA县获得样本数量最多，均为23户，均占AS市样本数的43.40%和总体样本数的4.51%，而XY满族自治县、QS区和TD区样本数分别为5户、1户和1户，分别占AS市样本数的9.43%、1.89%和1.89%，占总体样本数的0.98%、0.20%和0.20%；DD市共调研3个市（县、区），样本数为113户，DG市、KD满族自治县和FC市样本数分别为77户、34户和2户，分别占DD市样本数的68.14%、30.09%和1.77%，占总体样本数的15.10%、6.67%和0.39%；LY市共调研4个市（县、区），样本数为34户，DT市、LY县、GCL区、TZH区样本数分别为21户、6户、5户和2户，分别占LY市样本数的61.76%、17.65%、14.71%和5.88%，占总体样本数的4.12%、1.18%、0.98%和0.39%。具体如表3-2所示。

表3-2 样本分布情况

市（县、区）		新型农业经营主体数（户）	占所在市百分比（%）	占总体样本百分比（%）
PJ市	DW区	21	48.84	4.12
	PS县	18	41.86	3.53
	STZ区	2	4.65	0.39
	XLT区	2	4.65	0.39
小计		43	100	8.43
BX市	BX满族自治县	23	85.19	4.51
	PS区	2	7.41	0.39
	MS区	2	7.41	0.39

续表

市（县、区）		新型农业经营主体数（户）	占所在市百分比（％）	占总体样本百分比（％）
小计		27	100	5.29
JZ 市	HS 县	18	62.07	3.53
	Y 县	6	20.69	1.18
	LH 市	4	13.79	0.78
	BZ 市	1	3.45	0.20
小计		29	100	5.69
CY 市	BP 市	8	33.33	1.57
	KLQ 左翼蒙古族自治县	7	29.17	1.37
	CY 县	5	20.83	0.98
	JP 县	2	8.33	0.39
	LY 市	2	8.33	0.39
小计		24	100	4.71
YK 市	DSQ 市	2	66.66	0.39
	GZ 市	1	33.33	0.20
小计		3	100	0.59
FX 市	ZW 县	50	60.24	9.80
	FX 蒙古族自治县	30	36.14	5.88
	TP 区	1	1.20	0.20
	XH 区	1	1.20	0.20
	HZ 区	1	1.20	0.20
小计		83	100.00	16.27
TL 市	CT 县	6	40.00	1.18
	KY 市	6	40.00	1.18
	QH 区	2	13.33	0.39
	YZ 区	1	6.67	0.20
小计		15	100	2.94
FS 市	FS 县	1	50	0.2
	XB 满族自治县	1	50	0.2
小计		2	100	0.4

续表

市（县、区）		新型农业经营主体数（户）	占所在市百分比（%）	占总体样本百分比（%）
SY 市	LZ 区	30	55.56	5.88
	KP 县	13	24.07	2.55
	XM 市	4	7.41	0.78
	YH 区	3	5.56	0.59
	FK 县	2	3.70	0.39
	SB 新区	1	1.85	0.20
	HN 区	1	1.85	0.20
小计		54	100.00	10.59
HLD 市	SZ 县	12	46.15	2.35
	XC 市	7	26.92	1.37
	NP 区	3	11.54	0.59
	JC 县	2	7.69	0.39
	LG 区	2	7.69	0.39
小计		26	100.00	5.10
AS 市	HC 市	23	43.40	4.51
	TA 县	23	43.40	4.51
	XY 满族自治县	5	9.43	0.98
	QS 区	1	1.89	0.20
	TD 区	1	1.89	0.20
小计		53	100.00	10.39
DD 市	DG 市	77	68.14	15.10
	KD 满族自治县	34	30.09	6.67
	FC 市	2	1.77	0.39
小计		113	100.00	22.16
LY 市	DT 市	21	61.76	4.12
	LY 县	6	17.65	1.18
	GCL 区	5	14.71	0.98
	TZH 区	2	5.88	0.39
小计		34	100.00	6.67
合计		510		100

资料来源：根据 L 省农业信贷担保机构实际产生业务所得。

二、指标选取及参考依据

在选取农业信贷担保风险管理指标时，往往会忽略两个问题：一是反映农业信贷担保风险管理信息的指标重复；二是选取的管理指标不具备代表性（匡海波等，2020）。构建符合政府干预和关系契约视角下的农业信贷担保风险管理指标体系至关重要，本篇遵循 Zhang 等（2021）的研究思路，在借鉴中国邮政储蓄银行家庭农场（专业大户）贷款风险评级指标体系、农业信贷担保机构贷款担保风险评级指标体系的基础上，参考相关文献，建立农业信贷担保风险识别指标体系（见表3-3）。

表3-3 农业信贷担保风险管理指标选取及参考依据

目标层	准则层	方案层	参考依据
农业信贷担保风险	管理者资质情况	管理者风险态度	中国邮政储蓄银行家庭农场（专业大户）贷款风险评级指标体系；张维迎（2017）
		管理者道德风险	农业信贷担保风险评级指标体系；中国邮政储蓄银行家庭农场（专业大户）贷款风险评级指标体系；张维迎（2017）；管晓永（2008）；许黎莉和陈东平（2019）
		农业产业链中的关系契约	农业信贷担保风险评级指标体系
		反担保方式	农业信贷担保风险评级指标体系
	管理者财务情况	盈利情况	农业信贷担保风险评级指标体系；中国邮政储蓄银行家庭农场（专业大户）贷款风险评级指标体系；李志辉和李萌（2005）；刘祥东和王未卿（2015）
		资产负债率	中国邮政储蓄银行家庭农场（专业大户）贷款风险评级指标体系；满向昱等（2018）
		销售毛利率	农业信贷担保风险评级指标体系；中国邮政储蓄银行家庭农场（专业大户）贷款风险评级指标体系；葛永波等（2017）
		经营性现金流入量	农业信贷担保风险评级指标体系；中国邮政储蓄银行家庭农场（专业大户）贷款风险评级指标体系；顾海峰（2010）；刘祥东和王未卿（2015）
		存货周转率	农业信贷担保风险评级指标体系；中国邮政储蓄银行家庭农场（专业大户）贷款风险评级指标体系；葛永波等（2017）

续表

目标层	准则层	方案层	参考依据
农业信贷担保风险	管理者非财务情况	销售渠道	中国邮政储蓄银行家庭农场（专业大户）贷款风险评级指标体系
		采购渠道	中国邮政储蓄银行家庭农场（专业大户）贷款风险评级指标体系
		主营业务集中度	中国邮政储蓄银行家庭农场（专业大户）贷款风险评级指标体系
		个人持续经营年限	中国邮政储蓄银行家庭农场（专业大户）贷款风险评级指标体系；郭小波等（2011）；满向昱等（2018）
		固定资产情况	农业信贷担保风险评级指标体系；中国邮政储蓄银行家庭农场（专业大户）贷款风险评级指标体系；郭小波等（2011）；刘祥东和王未卿（2015）；葛永波等（2017）
		主要结算方式	农业信贷担保风险评级指标体系；中国邮政储蓄银行家庭农场（专业大户）贷款风险评级指标体系；顾海峰（2010）
		个人订单情况	农业信贷担保风险评级指标体系；中国邮政储蓄银行家庭农场（专业大户）贷款风险评级指标体系；满向昱等（2018）
		经营场地	农业信贷担保风险评级指标体系；中国邮政储蓄银行家庭农场（专业大户）贷款风险评级指标体系；葛永波等（2017）

三、变量设置的思路

本篇遵循 Zhang 等（2001）的研究思路，在借鉴中国邮政储蓄银行家庭农场（专业大户）贷款风险评级指标体系、农业信贷担保机构贷款担保风险评级指标体系的基础上，参考相关文献，建立农业信贷担保风险评价体系。结合本篇的研究目标和内容，进行了初步变量设置。第一阶段，在 L 省 LZ 市和 XM 市进行了初次预调研，根据预调研过程中发现的实际问题对标量进行了修正和完善。第二阶段，在 L 省 DG 市进行了二次调研，根据调研过程中发现的问题，组织农业信贷担保机构风险部和课题组成员对各个指标进行再次论证，将不合理的指标进行了修正和剔除，最终确定了本篇的各个指标。第三阶段，在 L 省（不含 DL 市）进行全省范围内的调研，最终获得了本篇的一手截面数据。

四、变量的主要内容

农业信贷担保风险主要是新型农业经营主体的违约风险（魏国雄，2015），因此，本篇将由于新型农业经营主体管理者推迟还款、欠息、无能力或者拒绝归还银行等金融机构贷款而造成违约的事实，使农业信贷担保体系发生代偿风险的情况视为农业信贷担保风险。农业信贷担保风险是一个二分类变量，本篇将农业信贷担保发生风险设置为1，农业信贷担保未发生风险设置为0。

在结合研究目标和研究内容的基础上，将农业信贷担保风险管理指标体系划分为三个维度，分别是新型农业经营主体管理者资质情况、管理者财务情况和管理者非财务情况。

1. 新型农业经营主体管理者资质情况

（1）管理者风险态度。理论上而言，由于我国历史上长期处于小农经济状态，部分新型农业经营主体管理者在融资决策机制上仍然停留在农户个体自然人融资决策水平。其中，风险规避型新型农业经营主体管理者面临严重的"自我信贷配给"认知（孔荣、Turvey C G，2009；张宁、张兵，2014；王性玉等，2016；王睿、周应恒，2019），即在市场信息不对称的情况下，即使管理者满足获得信贷支持的条件，但是因担心风险而自愿退出信贷市场（Boucher and Carter，2008；Guirlcinger and Boucher，2008；任劼等，2015）。只有新型农业经营主体管理者改变自身风险态度，管理者才会做出申请农业信贷担保的决策，从而打破新型农业经营主体"自我信贷配给"的约束（魏昊等，2016）。

鉴于此，本篇假定风险规避型新型农业经营主体不会申请农业信贷担保。管理者风险态度以风险偏好、风险中性两类进行度量。管理者风险态度是一个二分类变量，将管理者风险态度按1和0设置。本篇将新型农业经营主体管理者无规划或制定的规划明显超出发展的规模且极有可能盲目扩张导致经营失败定义为风险偏好型，设置为1；将新型农业经营主体管理者对国家及当地政府相关政策有较为深入的了解，按照事物发展变化的规律对未来5年（含）的发展有较强的规划发展且思路清晰定义为风险中性型，设置为0。

（2）新型农业经营主体管理者道德风险。政府通过农业信贷担保机构干预农业信贷市场，拓宽了新型农业经营主体的反担保方式，但是在这一过程中，新型农业经营主体可能隐藏或提供虚假信息，使农业信贷担保机构无法获得农业生产经营项目的准确信息，这种严重的信息不对称问题，将会诱发农业信贷担保风险。此外，农业信贷担保机构与金融信贷机构之间存在信息不对称的情况，农业信贷担保机构证实金融信贷机构信息真实性的可能性极低。在这些情况下，虽然新型农业经营主体管理者可能顾忌自身"声誉"而不会产生将贷款占为己有的行为（许黎莉、陈东平，2019），但在实践中，情况并不总是如此（张维迎，2017）。这就产生了新型农业经营主体管理者的道德风险问题。

由于在非对称信息情况下新型农业经营主体的生产经营行为选择不可观测，因此本篇借鉴中国邮政储蓄银行家庭农场（专业大户）贷款风险评级指标体系中关于衡量新型农业经营主体管理者道德风险的评价指标，即将与上下游产业链中合作过的生产经营主体对新型农业经营主体的口碑评价作为新型农业经营主体管理者道德风险的衡量指标。新型农业经营主体管理者道德风险是一个二分类变量，口碑评价高，管理者不存在道德风险，设置为1；口碑评价低，管理者存在道德风险，设置为0。

（3）农业产业链中的关系契约。理论上而言，我国农业产业链是以种植和养殖环节为主，由上游投入生产品、中游种植养殖与产品加工、下游产品流通与销售渠道共同组成多环节链接系统（程华等，2019）。在信息非对称情况下，由于新型农业经营主体居于农业产业链核心地位（许黎莉、陈东平，2019），因此新型农业经营主体相较于农业产业链上下游的生产经营主体是具有信息优势的一方。在农业产业链中，由于上下游的生产经营主体与新型农业经营主体缔结关系契约的不完全性，新型农业经营主体总是会选择最大化自己效用水平的行为，即上下游的生产经营主体不可能采用与新型农业经营主体缔结强制惩罚关系契约以约束新型农业经营主体行为选择，而只能通过缔结利益分配契约以全部或部分保障新型农业经营主体利益，从而激励新型农业经营主体选择生产经营主体希望的行为。

本篇选取新型农业经营主体与主要上下游客户签订订单是否能覆盖半年以上销售额平均值这一指标衡量农业产业链中的关系契约。农业产业链中的关系契约是一个二分类变量，新型农业经营主体与主要上下游客户签订订单能覆盖半年以上销售额平均值的设置为1，新型农业经营主体与主要上下游客户签订订单不能覆盖半年以上销售额平均值的设置为0。

（4）反担保方式。由于农业信贷市场存在严重的信息不对称、缺乏有效抵押担保品等（李江华、施文泼，2013；曹瓅、杨雨，2020），政府依托农业信贷担保机构，在限制银行利率的前提下，为新型农业经营主体提供多种反担保方式，从而助推新型农业经营主体获得外部资金支持。因此，本篇借鉴农业信贷担保机构贷款担保风险评级指标体系中关于衡量政府干预程度的评价指标，即将新型农业经营主体反担保方式作为政府干预程度的衡量指标。抵押担保设置为3，保证担保设置为2，信用担保设置为1。其中，反担保方式为抵押担保，表明政府干预程度低；反担保方式为信用和保证担保，表明政府干预程度高。

2. 新型农业经营主体管理者财务情况

（1）盈利情况。新型农业经营主体盈利情况是一个二分类变量。新型农业经营主体近两年实现盈利，设置为1；新型农业经营主体近两年经营出现过亏损，设置为0。新型农业经营主体盈利情况代表新型农业经营主体创造财富的能力，创造财富的能力越强，还款越有保障，农业信贷担保风险相应较低。

（2）资产负债率。资产负债率＝负债总额/资产总额×100%。这一变量以银行实际测算值为准。为了便于分析，将新型农业经营主体资产负债率小于40%定义为被担保人信用等级较好，设置为1；将新型农业经营主体资产负债率大于或等于40%，定义被担保人信用等级较差，设置为0。新型农业经营主体资产负债率越高，还款能力越弱，农业信贷担保风险相应较高。

（3）销售毛利率。销售毛利率＝（年销售收入－年销售成本）/年销售收入×100%。这一变量以银行实际测算值为准。为了便于分析，将销售毛利率大于或等于15%的新型农业经营主体定义为被担保人信用等级较好，且具有实际还款能力，设置为1；将销售毛利率小于15%的定义为被担保人信用等级较差，且不具备完全还款能力，设置为0。

（4）经营性现金流入量。这一变量以银行实际测算值为准。本篇定义全年经营性现金流入量（可为公司账户及个人账户的流入量合计，但需为个人实际用于经营的流入量）大于或等于新型农业经营主体全年销售收入定义为被担保人信用等级较好，且具有实际还款能力，设置为 1；将全年经营性现金流入量小于全年销售收入定义为被担保人信用等级较差，且不具备完全还款能力，设置为 0。

（5）存货周转率。存货周转率＝年度主营业务成本/平均存货金额。这一变量以银行实际测算值为准。为了便于分析，将新型农业经营主体的存货周转率大于或等于 12 定义为新型农业经营主体管理者信用等级较好，且具有实际还款能力，设置为 1；将存货周转率小于 12 定义为新型农业经营主体管理者信用等级较差，且不具备完全还款能力，设置为 0。

3. 新型农业经营主体管理者非财务情况

（1）销售渠道。新型农业经营主体下游客户固定且具备一定实力，使新型农业经营主体结算有保障，新型农业经营主体具有实际还款能力，农业信贷担保发生风险概率较低。本篇为了便于分析，将下游客户实力较强，结算有保障（1 年以上账期的应收账款占比不超过 10%），且合作年限在 3 年以上的新型农业经营主体，设置为 2；将主要销售对象为零售商或终端消费者，销售回款存在一定账期，且合作年限 3 年以下的新型农业经营主体，设置为 1；将主要销售对象为终端消费者，客户变动率较高，且无固定合作年限的新型农业经营主体，设置为 0。

（2）采购渠道。新型农业经营主体供货渠道稳定，主要供应商具备一定实力，表明新型农业经营主体创造财富能力强，农业信贷担保发生风险概率较低。本篇为了便于分析，将主要供应商具备一定实力，且合作年限在 3 年以上的新型农业经营主体，设置为 2；将主要供应商具备相当实力，但合作年限在 3 年以内的新型农业经营主体，或主要供应商一般，但合作年限在 3 年（含）以上的新型农业经营主体，设置为 1；将供应商变动率高，且无长期合作关系的新型农业经营主体，设置为 0。

（3）主营业务集中度。主营业务集中度＝主营业务收入/个人全部收入（投资商铺、房屋等获得的租金收入除外）。这一变量以银行实际测算值为准。新型农业经营主体管理者主营业务越集中，表明新型农业经营主体从银行获得的资金用于其他用途的可能性越小，用于主营业务概率越大。

（4）个人持续经营年限。个人持续经营年限以银行实际测算值为准，单位为年。一般而言，新型农业经营主体在本行业持续经营年限越长，从业经验越丰富，农业生产经营项目失败的概率越低，还款能力越强，农业信贷担保风险越低。

（5）固定资产情况。本篇借鉴农业信贷担保机构贷款担保风险评级指标体系，采用固定资产价值能否覆盖债务来衡量固定资产情况。固定资产情况是一个二分类变量。本篇为了分析需要，将新型农业经营主体管理者及配偶在当地（经营场地所在地区）拥有的固定资产价值大于或等于债务的，设置为 1；将新型农业经营主体管理者及配偶在当地（经营场地所在地区）拥有的固定资产价值不能覆盖债务的，设置为 0。固定资产价值代表新型农业经营主体选择抵押担保这种反担保方式的能力，固定资产价值高表明新型农业经营主体更具有选择抵押担保这种反担保方式的能力，同时表明新型农业经营主体变现能力强，这会降低农业信贷担保风险。

（6）主要结算方式。本篇将新型农业经营主体同下游客户的主要结算方式按照对农业信贷担保风险影响程度由高到低分为预付、现付、赊销为主和赊销四种。新型农业经营主体管理者同下游客户的主要结算方式为预付［预付比例在 50%（含）以上］的新型农业经营主体，设置为 3；新型农业经营主体管理者同下游客户的主要结算方式为现付的新型农业经营主体，设置为 2；新型农业经营主体管理者同下游客户的主要结算方式为赊销为主（赊销账期通常在 3 个月以内）的新型农业经营主体，设置为 1；新型农业经营主体管理者同下游客户的主要结算方式为赊销且账期在 3 个月以上的新型农业经营主体，设置为 0。

（7）个人订单情况。笔者选取新型农业经营主体申请农业信贷担保之前的半年中，签订的订单金额能否覆盖生产经营成本作为衡量个人订单情况的指标。因此，个人订单情况是一个二分类变量，新型农业经营主体签订的订单金额能覆盖生产经营成本的设置为 1，新型农业经营主体签订的订单金额不能覆盖生产经营成本的设置为 0。

（8）经营场地。新型农业经营主体管理者居住情况是一个二分类变量，本篇将新型农业经营主体管理者经常居住地与经营场地为同一辖区（一年内居住时间在一半以上）的，设置为 1；将新型农业经营主体管理者经常居住地与个人经营场地不为同一辖区（一年内居住时间不在一半以上）的，设置为 0。

第二节　样本的描述性统计

本节主要使用描述性统计分析的方法从总体样本的管理者资质情况、管理者财务情况和管理者非财务情况三个维度对农业信贷担保风险进行分析。

一、新型农业经营主体管理者资质情况

1. 管理者风险态度

因为本篇假定风险规避型新型农业经营主体不会申请农业信贷担保，所以新型农业经营主体管理者风险态度以风险偏好、风险中性两类进行度量。依据新型农业经营主体管理者风险态度分布，新型农业经营主体管理者风险态度为中性的新型农业经营主体数量为 466 人，占总体样本的 91.37%；新型农业经营主体管理者风险态度为偏好的新型农业经营主体数量为 44 人，占总体样本的 8.62%（见图 3-1）。由此可以看出，在选取的样本中，对国家及当地政府相关政策有较为深入的了解，按照事物发展变化的规律对新型农业经营主体未来 5 年的发展有较强的规划发展，思路清晰的新型农业经营主体管理者倾向于申请农业信贷担保。

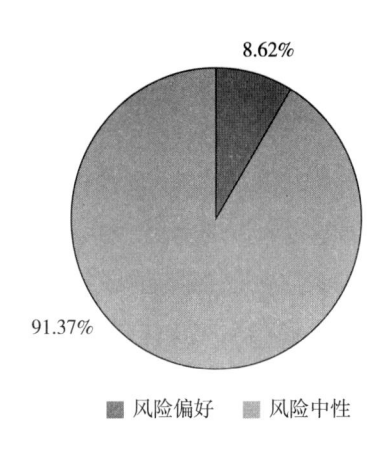

图 3-1　新型农业经营主体管理者风险态度分布

2. 管理者道德风险

将与上下游产业链中合作过的生产经营主体对新型农业经营主体的口碑评价作为新型农业经营主体管理者道德风险的衡量指标，新型农业经营主体管理者存在道德风险的新型农业经营主体数量为 97 户，占总体样本的 19.02%；新型农业经营主体管理者不存在道德风险的新型农业经营主体数量为 413 户，占总体样本的 80.98%。管理者道德风险是度量新型农业经营主体还款意愿和能力的重要指标，不难看出，新型农业经营主体管理者存在道德风险，则不易获得农业信贷担保机构的资金支持（见图 3-2）。

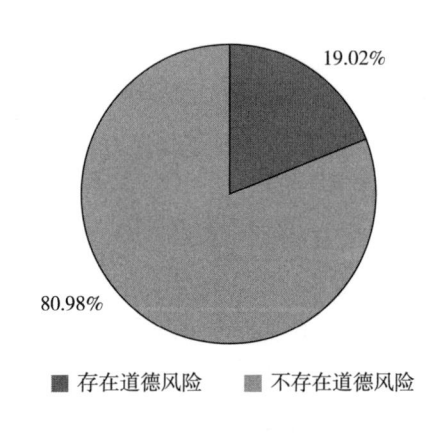

图 3-2 新型农业经营主体管理者道德风险分布

3. 农业产业链中的关系契约

依据农业产业链中的关系契约分布，新型农业经营主体管理与主要上下游客户达成的关系契约可以覆盖半年以上销售额平均值的新型农业经营主体样本量为 221 户，占总体样本的 43.33%；新型农业经营主体管理与主要上下游客户达成的关系契约不能覆盖半年以上销售额平均值的新型农业经营主体样本量为 289 户，占总体样本的 56.67%（见图 3-3）。这表明在选取的样本中，大多数新型农业经营主体的利润得不到有效保障，新型农业经营主体管理者与主要上下游客户达成的关系契约不能覆盖半年以上销售额平均值可能会影响新型农业经营主体的还款能力，进而提高了新型农业经营主体的违约概率。

43.33%

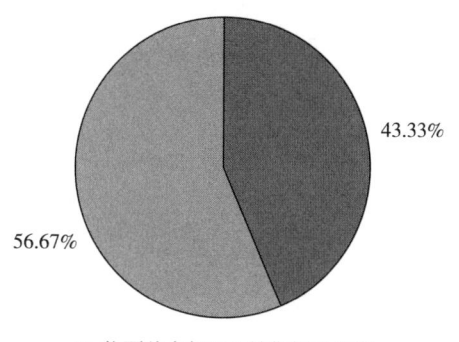

56.67%

■ 能覆盖半年以上销售额平均值
■ 不能覆盖半年以上销售额平均值

图 3-3　农业产业链中的关系契约分布

4. 反担保方式

依据反担保方式分布，选择抵押担保的新型农业经营主体管理者数量为 12 户，占总体样本的 2.35%；选择保证担保的新型农业经营主体管理者数量为 307 户，占总体样本的 60.20%；选择信用担保的新型农业经营主体管理者数量为 191 户，占总体样本的 37.45%（见图 3-4）。这表明在选取样本中，新型农业经营主体管理者更倾向于选择信用担保的反担保方式，以降低自身经营风险。

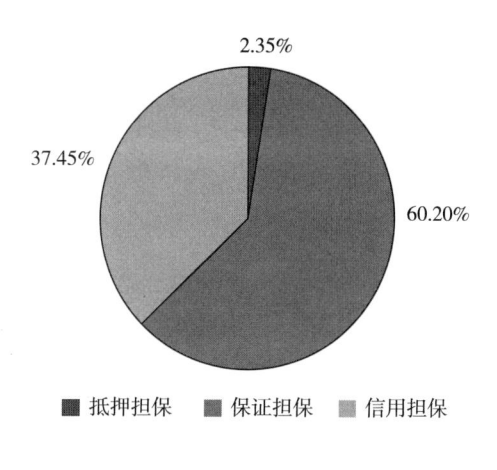

2.35%

37.45%

60.20%

■ 抵押担保　■ 保证担保　■ 信用担保

图 3-4　反担保方式分布

二、新型农业经营主体管理者财务情况

1. 盈利情况

在选取的新型农业经营主体样本中，近两年实现盈利的新型农业经营主体数量为488户，占总体样本的95.69%；近两年经营出现过亏损的新型农业经营主体数量为22户，占总体样本的4.31%（见图3-5）。不难看出，选取的新型农业经营主体样本创造财富的能力较强，且还款有保障，农业信贷担保风险相应较低。

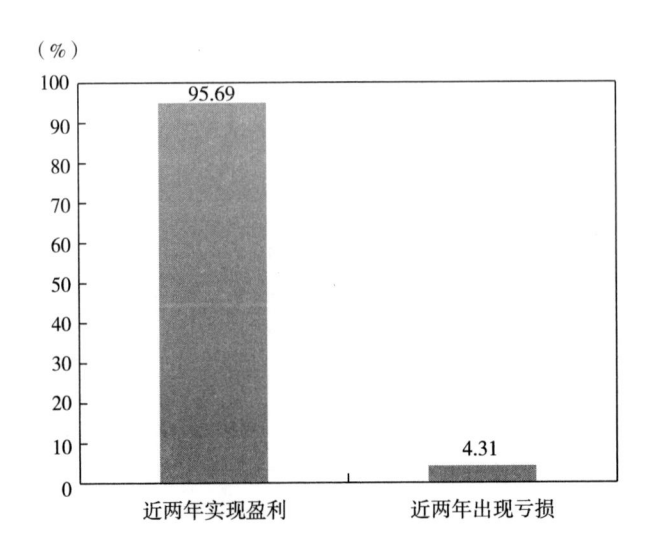

图3-5 新型农业经营主体近两年盈利情况分布

2. 资产负债率

依据新型农业经营主体资产负债率分布，新型农业经营主体资产负债率小于40%的新型农业经营主体数量为421户，占总体样本的82.55%；新型农业经营主体资产负债率大于或等于40%的新型农业经营主体数量为89户，占总体样本的17.45%（见图3-6）。由此可以看出，在选取的样本中，新型农业经营主体资产负债率越低、信用等级越高、还款能力越强的新型农业经营主体管理者越倾向于申请农业信贷担保。

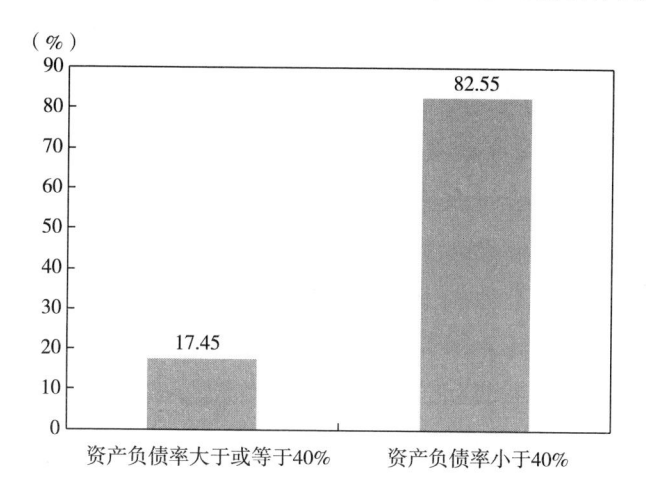

图 3-6　新型农业经营主体资产负债率分布

3. 销售毛利率

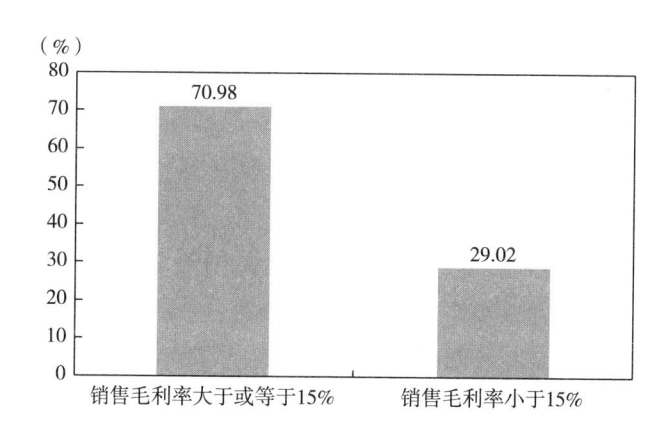

依据新型农业经营主体销售毛利率分布，新型农业经营主体销售毛利率大于或等于 15% 的新型农业经营主体数量为 362 户，占总体样本的 70.98%；销售毛利率小于 15% 的新型农业经营主体数量为 148 户，占总体样本的 29.02%（见图 3-7）。由此可以看出，在选取的 510 户新型农业经营主体中，信用等级较好且具有实际还款能力的新型农业经营主体管理者越倾向于申请农业信贷担保。

图 3-7　新型农业经营主体销售毛利率分布

4. 经营性现金流入量

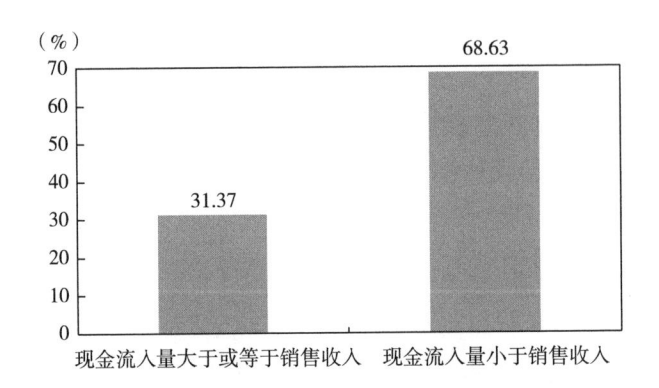

依据新型农业经营主体经营性现金流入量分布，新型农业经营主体全年经营性现金流入量大于或等于销售收入的新型农业经营主体数量为160户，占总体样本的31.37%；新型农业经营主体全年经营性现金流入量小于销售收入的新型农业经营主体数量为350户，占总体样本的68.63%（见图3-8）。由此可以看出，新型农业经营主体全年经营性现金流入量（可为公司账户及个人账户的流入量合计，但需为个人实际用于经营的流入量）小于销售收入的新型农业经营主体管理者可能更加倾向于申请农业信贷担保。

图3-8 新型农业经营主体经营性现金流入量分布

5. 存货周转率

依据新型农业经营主体存货周转率分布，新型农业经营主体存货周转率大于或等于1的新型农业经营主体数量为340户，占总体样本的66.67%；新型农业经营主体存货周转率小于1的新型农业经营主体数量为170户，占总体样本的33.33%（见图3-9）。由此可以看出，信用等级较好且具有实际还款能力的新型农业经营主体管理者可能更加倾向于申请农业信贷担保。

三、新型农业经营主体管理者非财务情况

1. 销售渠道

依据新型农业经营主体销售渠道分布，新型农业经营主体下游客户实力较强，结算有保障（1年以上账期的应收账款占比不超过10%），且合作年限

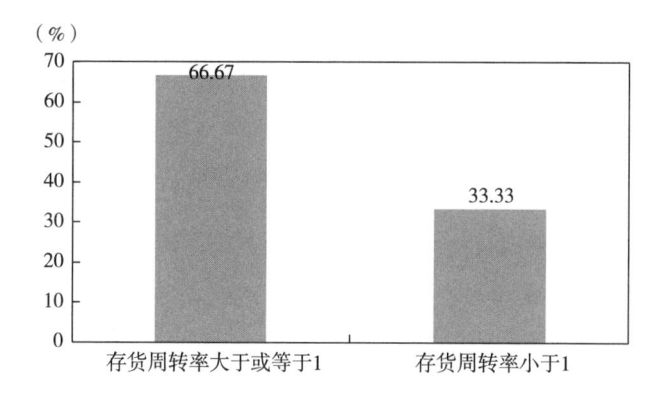

图 3-9 新型农业经营主体存货周转率分布

在3年以上的新型农业经营主体数量为49户，占总体样本的9.61%；新型农业经营主体主要销售对象为零售商或终端消费者，销售回款存在一定账期，且合作年限在3年以下的新型农业经营主体数量为249户，占总体样本的48.82%；新型农业经营主体主要销售对象为终端消费者，客户变动率较高，且无固定合作年限的新型农业经营主体数量为212户，占总体样本的41.57%（见图3-10）。由此可以看出，新型农业经营主体下游客户固定且具备一定实力，使新型农业经营主体结算有保障，新型农业经营主体具有实际还款能力，那么新型农业经营主体更倾向于申请农业信贷担保业务。

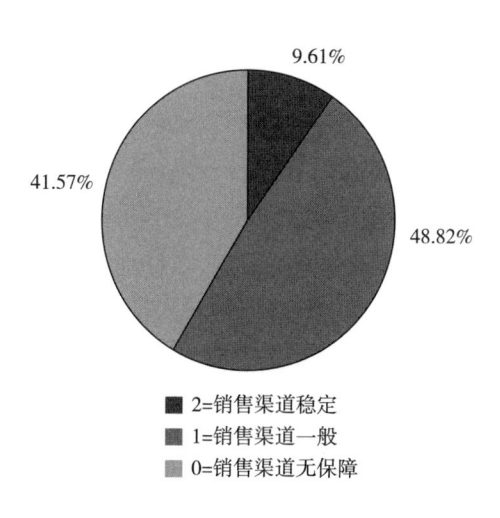

图 3-10 新型农业经营主体销售渠道分布

2. 采购渠道

依据新型农业经营主体销售渠道分布，新型农业经营主体的主要供应商具备一定实力，且合作年限在3年以上的新型农业经营主体数量为66户，占总体样本的12.94%；新型农业经营主体的主要供应商具备相当实力，但合作年限在3年以内的新型农业经营主体，或主要供应商一般，但合作年限在3年（含）以上的新型农业经营主体数量为260户，占总体样本的50.98%；新型农业经营主体的主要供应商变动率高，且无长期合作关系的新型农业经营主体数量为184户，占总体样本的36.08%（见图3-11）。采购渠道是新型农业经营主体创造财富能力的间接体现，不难看出，新型农业经营主体供货渠道稳定，主要供应商具备一定实力，新型农业经营主体创造财富能力强，更容易获得农业信贷担保的支持。

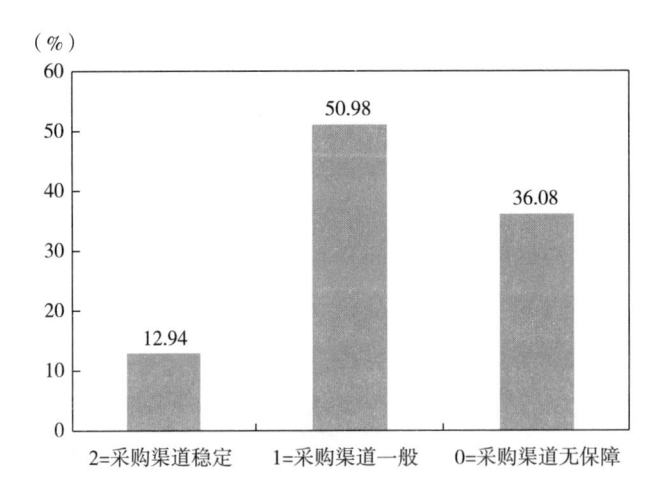

图3-11 新型农业经营主体采购渠道分布

3. 主营业务集中度

依据调研地区新型农业经营主体主营业务集中度统计，新型农业经营主体主营业务集中度在数值1上下波动，表明新型农业经营主体主营业务越集中，越容易获得农业信贷担保的支持（见图3-12）。

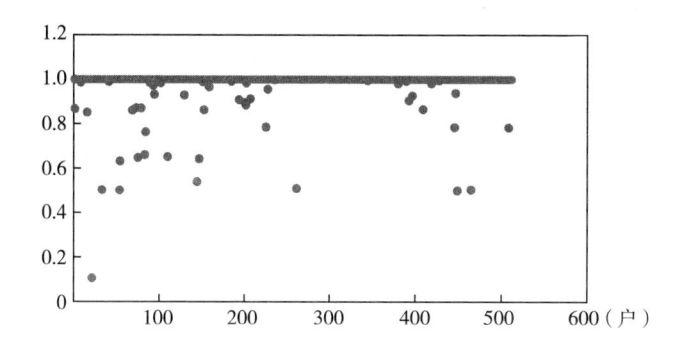

图 3-12 新型农业经营主体主营业务集中度散点图

4. 个人持续经营年限

依据调研地区新型农业经营主体管理者个人持续经营年限统计，新型农业经营主体管理者个人持续经营年限集中在 3~10 年（见图 3-13）。不难看出，新型农业经营主体管理者在本行业持续经营年限越长，从业经验越丰富，农业生产经营项目失败的概率越低，还款能力越强，越容易获得农业信贷担保的支持。

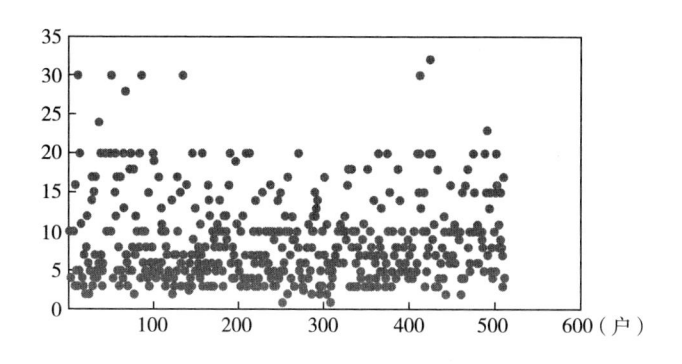

图 3-13 新型农业经营主体个人持续经营年限散点图

5. 固定资产情况

依据调研区域新型农业经营主体管理者的固定资产情况分布，新型农业经营主体管理者及配偶在当地（经营场地所在地区）拥有的固定资产价值大于或等于债务的新型农业经营主体数量为 466 户，占总体样本的 91.37%；新型农业经营主体管理者及配偶在当地（经营场地所在地区）拥有的固定资产价值小于债务的新型农业经营主体数量为44户，占总体样本的8.63%（见图3-14）。新型农业经营主体管理者的固定资产价值代表新型农业经营主体选择抵押担保这种反担保方式的能力，新型农业经营主体管理者的固定资产价值高表明新型农业经营主体更具有选择抵押担保这种反担保方式的能力，同时表明新型农业经营主体变现能力强。

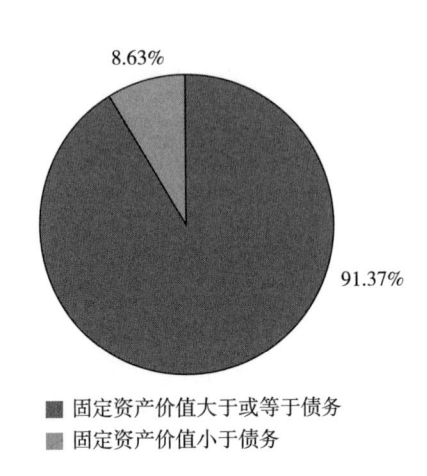

图3-14　新型农业经营主体固定资产情况分布

6. 主要结算方式

依据调研区域新型农业经营主体主要结算方式分布，同下游客户的主要结算方式为预付[预付比例在50%（含）以上]的新型农业经营主体数量为34户，占总体样本的6.67%；同下游客户的主要结算方式为现付的新型农业经营主体数量为247户，占总体样本的48.43%；同下游客户的主要结算方式以赊销为主（赊销账期通常在3个月以内）的新型农业经营主体数量为55户，占总体样本的10.78%；同下游客户的主要结算方式为赊销且账期在3个月以上的新型农业经营主体数量为174户，占总体样本的34.12%。主要结算方式是新型农业经营主体生产经营情况的间接体现，不难看出，新型农业经营主体的主要结算方式为现金结算的，较容易获得农业信贷担保机构的资金支持；以赊销为主的农业经营主体，最难获得农业信贷担保机构的资金支持（见图3-15）。

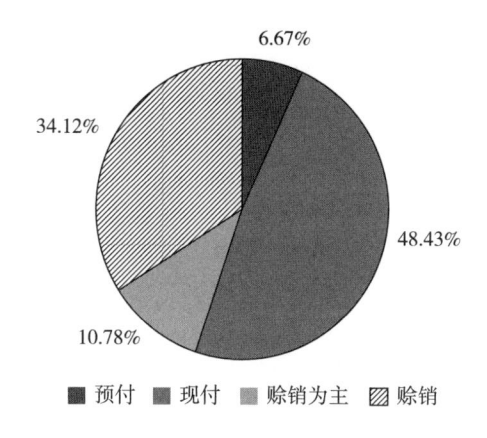

图 3-15　新型农业经营主体主要结算方式分布

7. 个人订单情况

根据对调研的 510 户新型农业经营主体个人订单情况进行统计，农业经营主体申请农业信贷担保之前的半年中，签订的订单金额能覆盖生产经营成本的数量为 288 户；签订的订单金额不能覆盖生产经营成本的数量为 222 户。个人订单情况是新型农业经营主体还款能力的直接体现，签订订单金额能覆盖生产经营成本的新型农业经营主体，较容易获得农业信贷担保机构的资金支持（见图 3-16）。

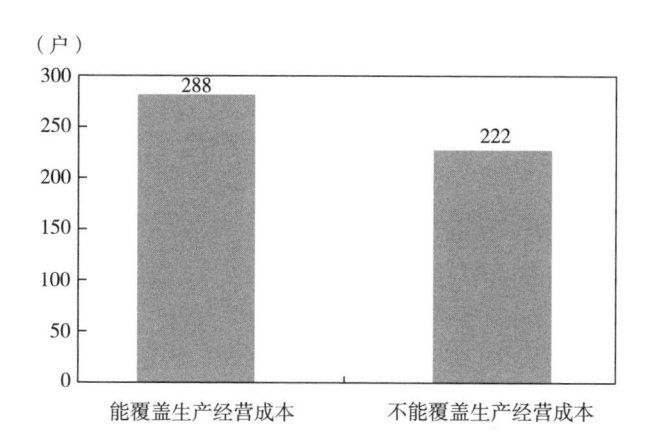

图 3-16　新型农业经营主体个人订单情况分布

8. 经营场地

依据选取的新型农业经营主体经营场地分布，新型农业经营主体管理者经常居住地与经营场地是同一辖区（一年内居住时间在一半以上）的新型农业经营主体数为281户，占总体样本的55.10%，新型农业经营主体管理者经常居住地与经营场地不在同一辖区（一年内居住时间在一半以上）的新型农业经营主体数为229户，占总体样本的44.90%。从图中可以看出，新型农业经营主体管理者经常居住地与经营场地不在同一辖区，较容易获得农业信贷担保机构的信贷担保支持（见图3-17）。

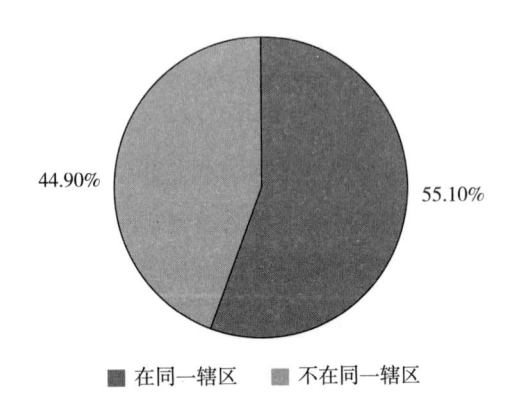

图3-17 新型农业经营主体经营场地分布

第四章 农业信贷担保风险识别

第一节 基于政府干预视角的农业信贷担保风险识别

一、理论框架及研究假说

理论上而言，政府干预农业信贷担保市场是政府以农业信贷担保机构为依托，在遵循市场经济规律和政策导向的前提下，针对新型农业经营主体的农业信贷配给和缺乏有效抵押担保品等问题，通过限定银行利率和农业信贷担保机构担保费率的方式消除部分农业信贷配给，同时促使农业信贷担保机构为新型农业经营主体提供多样的反担保方式，以解决新型农业经营主体因缺乏有效的抵押担保品而形成的"融资难""融资贵"难题的政府调控行为（刘志荣，2016）。农业信贷担保体系风险防范运作流程的参与主体为农业信贷担保机构、新型农业经营主体、银行等金融机构，其风险防范运作流程为"新型农业经营主体申请贷款—银行对新型农业经营主体申贷项目进行风险识别—农业信贷担保机构业务人员对客户资质进行现场调查—风险防控部门对项目进行复审—组织相关领域专家对项目风险进行终审—新型农业经营主体获得授信额度、降低授信额度或不给予授信"。

传统的逆向选择与信贷市场上的配给制理论认为，银行等金融机构的期望收益取决于贷款的利率水平和风险两个方面。在没有政府干预、银行等金融机构放款风险独立于利率的前提下，由于农业高风险、低收益和新型农业经营主体缺乏抵押担保品等特征，银行等金融机构对新型农业经营主体外部融资需求采取三种措施：一是银行等金融机构提高放款利率，以达到提升收益和降低风险的目的；二是在所有申请外部融资的新型农业经营主体管理者中，一部分管理者的外部融资需求被满足，另一部分被拒绝，被拒绝的新型农业经营主体管理者即使有更高的利息支付意愿也不能获得外部资金支持；三是新型农业经营主体的外部融资需求只能被部分满足，结果是经营低风险农业项目的新型农业经营主体管理者退出信贷市场或选择更高风险的农业项目，此时，农业信贷配给就出现了（Stiglitz and Weiss，1981）。

为了满足新型农业经营主体需要通过外部融资获得资金支持的需求，在政府干预（设立农业信贷担保体系，将银行利率和担保费率之和设定为8%）下，银行等金融机构不能通过调整利率增加自己的期望收益，从而消除了部分信贷配给问题。同时，为了解决新型农业经营主体缺乏抵押担保品的问题，政府依托农业信贷担保机构为新型农业经营主体提供农业信贷担保服务，使新型农业经营主体可以通过多种反担保方式获得银行信贷支持。银行等金融机构为了达到分散风险、提高期望收益的目的，通过2∶8比例风险分担的形式将大部分信贷风险转嫁到农业信贷担保机构身上，然后农业信贷担保机构通过实地调查和定量分析新型农业经营主体向银行等金融机构提供的管理者财务和非财务信息测算担保风险。

本章借助信息经济学中的委托—代理理论分析框架，具体揭示政府干预对农业信贷担保风险的影响机理（张维迎，2017）。假定新型农业经营主体申请贷款金额为I，农业生产经营项目成功时的收益为R（R>0），失败时的收益为0，成功概率为P（R），平均期望收益为T，农业信贷担保机构的担保费率为r_1，银行的贷款利率为r_2，其中I∈[100000, 3000000]，r_1+r_2=0.08，那么新型农业经营主体的期望利润为：

$$Y=P \times R-I(1+r_1+r_2)+(1-P) \times 0=P \times R-I(1+r_1+r_2) \quad (4-1)$$

如果新型农业经营主体不申请贷款，期望利润为0，因此，存在一个临界值$R^*=I \times (1+r_1+r_2)$，当且仅当$R \geq R^*$时，新型农业经营主体才会选择申请贷款。因为 T＝P（R）×R，所以，存在一个临界概率 P^*，当且仅当 $P \leqq P^*$ 时，新型农业经营主体才会选择申请贷款。将 P^* 定义为：

$$P^* = T/R = T/I \times (1+r_1+r_2) \qquad (4-2)$$

假定 P 在［0，1］区间上密度函数为 f（P），分布函数为 F（P），那么所有申请贷款的新型农业经营主体的项目平均成功概率为：

$$P'(I) = \frac{\int_0^{P^*} Pf(P)dp}{\int_0^{P^*} f(P)dp} = \frac{\int_0^{P^*} Pf(P)dp}{F(P^*)} \qquad (4-3)$$

因此，可得：

$$\frac{\partial P'}{\partial I} = \frac{\frac{\partial P^*}{\partial I} P^* f(p^*) F(p^*) - \frac{\partial F(P^*)}{\partial I} \int_0^{P^*} Pf(p)dp}{F^2(p^*)}$$

$$= -\frac{f(P^*)}{F^2(P^*)} \frac{T}{I(1+r1+r2)^2}(p^* F(P^*) - \int_0^{P^*} Pf(P)dp) < 0 \quad (4-4)$$

由此可知，在银行利率和农业信贷担保费率恒定且新型农业经营主体缺乏有效的抵押担保品的情况下，新型农业经营主体申请贷款金额越大，农业项目生产经营风险越高，发生违约风险的概率越大。也就是说，新型农业经营主体的收入大于零，他可以不承担项目失败的风险。假定项目的收益一定，较高的担保授信额度意味着成功时较高的利润，那么会激励农业项目生产经营风险较高的新型农业经营主体申请较高的农业信贷担保额度，从而大大提升由于生产经营项目失败导致的农业信贷担保风险。据此，本篇提出研究假说 H_1。

H_1：政府干预对农业信贷担保风险具有负向影响。

在新型农业经营主体与农业信贷担保机构的委托—代理关系中，政府干预农业信贷担保市场，新型农业经营主体可以选择信用、保证和抵押担保等多种形式的反担保方式。由于农业信贷担保机构与新型农业经营主体之间存在严重的信息不对称，因此可能激励新型农业经营主体管理者隐藏或提供虚假信息，使农业信贷担保机构无法获得新型农业经营主体管理者全面和真实的信息，导致农业信贷担保体系对新型农业经营主体的生产经营项目进行的风险测度有很大的主观随意性，从而诱发农业信贷担保风险。即便农业信贷担保机构与新型农业经营主体两方之间的信息是对称的，但在发生风险时，由于农业信贷担保机构、新型农业经营主体与金融监管机构之间信息不对称，金融监管机构证实这种信息真实性的可能性极低。在有些情况下，虽然新型农业经营主体管理者可能顾忌自身声誉而不会发生将贷款占为己有的行为（许黎莉、陈东平，2019），但是在实践中情况并不总是如此，这就产生了新型农业经营主体管理者的道德风险问题（张维迎，2017）。它在农业信贷担保市场上表现为，为了提高外部融资的可获得性，高风险的新型农业经营主体管理者可能隐藏或提供虚假信息，以获得更高的担保授信额度从事农业生产经营风险较高的项目，从而诱发农业信贷担保风险。基于以上理论分析，本篇提出研究假说 H_2。

H_2：管理者道德风险在政府干预影响农业信贷担保风险的过程中具有负向中介效应。

综上所述，政府干预影响农业信贷担保风险的作用机理如图 4-1 所示。

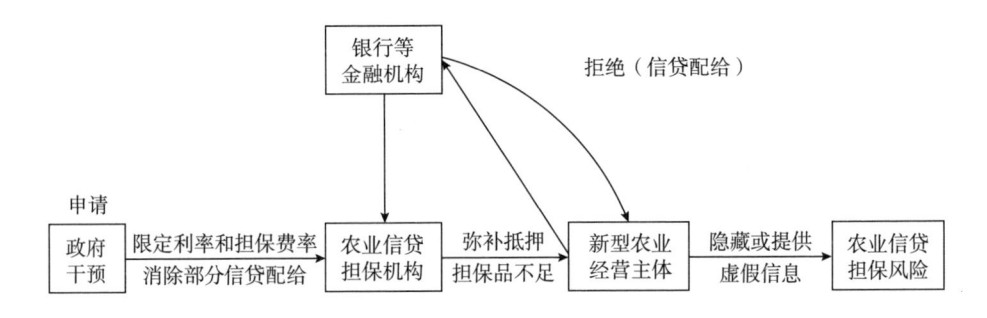

图 4-1 政府干预影响农业信贷担保风险的作用机理

二、模型构建与变量设置

1. 模型构建

（1）基准模型的构建。在分析政府干预对农业信贷担保风险的影响时，要处理好样本选择偏误问题和政府干预程度测量误差导致的内生性问题。一是样本选择偏误问题。获得农业信贷担保机构授信的样本中的部分新型农业经营主体是银行等金融机构向农业信贷担保机构推荐的征信情况良好、生产经营规模较大和自有资金充足的优质客户，这使本篇关注的部分获得农业信贷担保机构授信的新型农业经营主体是经过选择后的样本。二是政府干预程度测量误差。本篇依据Zhang等（2021）的研究思路建立农业信贷担保风险评价体系。同时，由于农业信贷市场存在严重的信息不对称、缺乏有效抵押担保品等问题（李江华、施文泼，2013；曹瓅、杨雨，2020），政府依托农业信贷担保机构，在限制银行利率的前提下，为新型农业经营主体提供多种反担保方式，从而助推新型农业经营主体获得外部资金支持。据此，本篇将新型农业经营主体方担保方式作为政府干预程度的衡量指标。政府依托农业信贷担保机构为新型农业经营主体提供农业信贷担保服务，使新型农业经营主体可以通过多种反担保方式获得银行信贷支持。新型农业经营主体管理者作为理性经济人，为了规避自身风险，可能倾向于选择信用担保和保证担保这两种反担保方式，这会导致政府干预程度测量出现误差。对此，本章拟采用IV-Probit模型，以解决样本选择偏误问题和政府干预程度测量误差导致的内生性问题（Wooldridge，2010；孙光林等，2019）。

本章选取新型农业经营主体固定资产情况作为政府干预的工具变量。首先，固定资产价值直接影响新型农业经营主体选择反担保方式的类别。新型农业经营主体拥有的固定资产价值高，倾向于选择抵押担保；新型农业经营主体拥有的固定资产价值低，倾向于选择保证和信用担保。其次，新型农业经营主体的固定资产情况在其申请农业信贷担保之前既定，并不会对农业信贷担保风险产生直接影响。因此，新型农业经营主体固定资产情况相对于农业信贷担保风险是严格外生变量。

为了检验研究假说H_1，本章构建了基于工具变量的Probit模型（IV-Probit模型），模型分为两个阶段。

第一阶段，将内生解释变量反担保方式（Guarantee）对工具变量固定资产情况（Assets）做OLS回归，得到新型农业经营主体反担保方式潜变量的拟合值，方程的表达式为：

$$Guarantee_i = a_1 + b_1 Assets_i + \varepsilon_i \tag{4-5}$$

$$\hat{Guarantee}_i^* = \hat{a}_1 + \hat{b}_1 Assets_i + c_1 \tag{4-6}$$

其中，i表示第i个新型农业经营主体；Guarantee表示新型农业经营主体反担保方式；$\hat{Guarantee}_i^*$表示新型农业经营主体反担保方式潜变量的拟合值；

Assets 表示工具变量，即固定资产情况；ε_i、c_1 表示随机误差项；a_1、b_1、$\hat{a}_1$、$\hat{b}_1$ 分别表示参数估计值。

第二阶段，采用 Probit 法对农业信贷担保风险进行回归估计，即建立方程分析农业信贷担保风险，将农业信贷担保风险对新型农业经营主体反担保方式变量的残差 Guarântee_i^* 和外生解释变量做 Probit 回归，方程的表达式为：

$$\text{Probit (risk)} = a_2 + b_2 \text{Guarântee}_i^* + c_2 X + \varepsilon_i \tag{4-7}$$

其中，risk 为第 i 个新型农业经营主体的农业信贷担保风险变量：如果新型农业经营主体管理者违约，产生农业信贷担保风险，risk 取值为 1；如果新型农业经营主体管理者正常履约，农业信贷担保没有发生风险，risk 取值为 0。X 表示农业信贷担保风险的影响因素。ε_i 表示随机误差项，a_2、b_2 和 c_2 分别表示参数估计值。

（2）中介效应模型的构建。为了验证研究假说 H_2，在考虑样本选择偏误问题和政府干预程度测量误差导致的内生性问题的基础上，对政府干预通过管理者道德风险影响农业信贷担保风险的传导机制进行检验。

第一阶段，检验政府干预对中介变量管理者道德风险（Morality）的影响。这里需要解决样本选择偏误问题和政府干预程度测量误差导致的内生性问题，为此，本篇构建了基于工具变量固定资产情况（Assets）的 Probit 模型，模型的表达式为：

$$\text{Probit (Morality} = 1) = a_3 + b_3 \text{Guarântee}_i^* + c_3 X_i + \varepsilon_i \tag{4-8}$$

其中，中介变量管理者道德风险是取值为 1 和 0 的虚拟变量，Probit（Morality=1）为新型农业经营主体管理者存在道德风险的可能性，X_i 表示第 i 个控制变量，ε_i 表示随机误差项，a_3、b_3 和 c_3 分别表示参数的估计值。

第二阶段，采用 Probit 模型进行回归估计，具体表达式为：

$$\text{Probit (risk} = 1) = a_4 + b_4 \text{Guarântee}_i^* + b_5 \text{Morality} + \gamma X + \varepsilon_i \tag{4-9}$$

其中，Probit（risk=1）为农业信贷担保发生风险的概率，X 表示控制变量向量，ε_i 表示随机误差项，a_4、b_4、b_5 和 γ 分别表示参数的估计值。

本部分运用式（4-5）至式（4-9）的回归估计结果检验政府干预通过管理者道德风险影响农业信贷担保风险的传导机制，具体检验步骤如下：第一步，检验回归系数 b_2 的显著性。如果 b_2 显著，则继续第二步；

反之，则停止检验，表明中介变量管理者道德风险不具有中介效应。第二步，检验回归系数 b_3 的显著性。如果两个回归系数显著，则继续第三步；如果检验回归系数 b_3 不显著，则越过第三步，直接进行第四步。第三步，检验回归系数 b_4 和 b_5 的显著性。如果回归系数 b_4 和 b_5 都显著，则说明中介变量管理者道德风险具有中介效应；如果回归系数 b_4 和 b_5 中至少有一个不显著，则说明中介变量管理者道德风险不具有中介效应。第四步，如果第二步的回归结果中的回归系数 b_3 存在不显著的情况，则进行 Sobel 检验。

2. 变量设置

本部分在结合研究目标和研究内容的基础上，从管理者资质、管理者财务情况和非财务情况三个维度甄选了 15 个变量进行变量设置，用以识别政府干预对农业信贷担保风险的影响。

（1）因变量：农业信贷担保风险。农业信贷担保风险主要是指新型农业经营主体的违约风险（魏国雄，2015）。本章将由于新型农业经营主体管理者推迟还款、欠息、无能力或者拒绝归还银行等金融机构贷款而造成违约事实，使农业信贷担保体系发生代偿风险的情况视为农业信贷担保风险。

（2）核心自变量：反担保方式。由于政府依托农业信贷担保机构为新型农业经营主体提供农业信贷担保，使新型农业经营主体可以通过多种反担保方式获得银行信贷支持，因此本章借鉴农业信贷担保机构贷款担保风险评级指标体系中关于衡量政府干预程度的评价指标，即新型农业经营主体反担保方式，作为政府干预程度的衡量指标：抵押担保设置为3；保证担保设置为2；信用担保设置为1。其中，反担保方式为抵押担保，表明政府干预程度低；反担保方式为信用担保，表明政府干预程度高。

（3）工具变量：固定资产情况。本篇借鉴农业信贷担保机构贷款担保风险评级指标体系，采用固定资产价值能否覆盖债务来衡量固定资产情况。固定资产价值代表新型农业经营主体选择抵押担保这种反担保方式的能力，固定资产价值高表明新型农业经营主体更具有选择抵押担保这种反担保方式的能力，同时表明新型农业经营主体变现能力强，这会降低农业信贷担保风险。

（4）中介变量：新型农业经营主体管理者道德风险。由于在非对称信息情况下新型农业经营主体的生产经营行为选择不可观测。因此本篇借鉴中国邮政储蓄银行家庭农场（专业大户）贷款风险评级指标体系中关于衡量新型农业经营主体管理者道德风险的评价指标，即将与上、下游产业链中合作过的生产经营主体对新型农业经营主体的口碑评价作为新型农业经营主体管理者道德风险的衡量指标。口碑评价高，管理者不存在道德风险；口碑评价低，管理者存在道德风险。

（5）控制变量。控制变量分为两个维度：一是管理者非财务情况。它包括销售渠道、采购渠道、主营业务集中度、个人持续经营年限、个人订单情况、经营场地、主要结算方式七个指标。新型农业经营主体管理者销售渠道、采购渠道越稳定，回款账期越短，在本行业持续经营时间越长，主营业务越集中，对从事行业相关政策及运作流程越了解，客户变动率越低，管理者违约概率越低。一般来说，管理者拥有经营场地使用权和房屋产权，变现能力强，主要结算方式为预付，还款来源有保障，农业信贷担保发生风险的概率越低。二是管理者财务情况。它包括盈利情况、资产负债率、销售毛利率、经营性现金流入量、存货周转率五个指标。新型农业经营主体管理者所从事的农业生产经营项目销售毛利率越高，资产负债率越低，存货周转率越高，经营性现金流入量（可为公司账户及个人账户的流入量合计，但需为个人实际用于经营的流入量）大于全年销售，近两年盈利，农业信贷担保发生风险的概率越低。

变量含义、赋值说明及其描述性统计如表4-1所示。

表4-1 变量含义、赋值说明及其描述性统计

	变量名称	变量含义及赋值	极小值	极大值	标准差	平均值
因变量	农业信贷担保风险	1=发生风险；0=未发生风险	0	1	0.325	0.120
核心自变量	反担保方式	3=抵押担保；2=保证担保；1=信用担保	1	3	0.529	1.650
工具变量	固定资产情况	1=固定资产价值能覆盖债务；0=固定资产价值不能覆盖债务	0	1	0.281	0.910
中介变量	管理者道德风险	1=存在道德风险；0=不存在道德风险	0	1	0.393	0.190

续表

	变量名称	变量含义及赋值	极小值	极大值	标准差	平均值
管理者非财务情况	销售渠道	2＝下游客户实力较强，结算有保障（一年以上账期的应收账款占比不超过10%），且合作年限在3年以上；1＝主要销售对象为零售商或终端消费者，销售回款存在一定账期，且合作年限在3年以下的抑或主要销售对象为终端消费者；0＝主要销售对象为零售商或终端消费者，客户变动率较高，且无固定合作年限	0	2	0.680	0.642
	采购渠道	2＝主要供应商具备相当实力，但合作年限在3年以内，或主要供应商一般，但合作年限在3年（含）以上的；1＝主要供应商一般，且合作年限在3年以内的；0＝供应商变动频率高，无长期合作关系	0	2	0.770	0.661
	个人订单情况	1＝与主要下游客户签订订单可以覆盖半年以上销售额平均值；0＝与主要下游客户签订订单不能覆盖半年以上销售额平均值	0	1	0.440	0.505
	个人持续经营年限	实际经营年限（单位：年）	1	32	8.890	5.530
	经营场地	1＝拥有土地使用权证和房屋产权证；0＝未拥有土地使用权证和房屋产权证	0	1	0.700	0.457
	主营业务集中度	银行实际测算值	0	1	0.980	0.079
	主要结算方式	3＝预付［预付比例在50%（含）以上］；2＝现付；1＝赊销为主（赊销账期通常在3个月以内）；0＝赊销	0	3	1.360	1.063

续表

变量名称		变量含义及赋值	极小值	极大值	标准差	平均值
管理者财务情况	盈利情况	1=近两年实现盈利；0=近两年经营出现过亏损	0	1	0.960	0.203
	资产负债率	银行实际测算值	0	19	0.310	1.121
	销售毛利率	银行实际测算值	−17	1	0.240	1.140
	经营性现金流入量	银行实际测算值（单位：万元）	0	17100	1091.890	2.273
	存货周转率	银行实际测算值	0	34	2.140	2.725

3. 数据描述

表4-1为各个变量的相关统计数据，可以看出，2017年7月至2019年12月L省农业信贷担保体系业务中发生风险样本的平均值为0.120。同时，核心自变量反担保方式的平均值为1.650。工具变量固定资产情况的平均值为0.910，介于"固定资产价值能覆盖债务"和"固定资产价值不能覆盖债务"两种情况之间。中介变量管理者道德风险的平均值为0.190。

控制变量的统计结果显示，样本中销售渠道的平均值为0.642，介于"零售商"和"终端消费者"两种销售渠道之间。采购渠道的平均值为0.661，介于"无长期合作关系"和"合作年限在3年以内"两种采购渠道之间。个人订单情况的平均值为0.505。个人持续经营年限的平均值为5.530年。经营场地的平均值为0.457。主营业务集中度的平均值为0.079。主要结算方式的平均值为1.063，介于"现付"和"赊销为主"这两种结算方式之间。盈利情况的平均值为0.203。资产负债率的平均值为1.121。销售毛利率的平均值为1.140。经营性现金流入量的平均值为2.273。存货周转率的平均值为2.725。

三、模型估计与结果

1. 多重共线性检验结果

为防止多重共线性对研究结果造成误差，本篇采用Hair（1995）提出的解释变量的容忍度大于0.1、方差膨胀系数（Variance Inflation Factor, VIF）小于10（VIF值越接近于1，多重共线性越轻，反之则越重）则表明解释变量之间不存在共线性问题的共线性诊断标准。对解释变量进行多重共线性检验，检验结果表明本书所选用的解释变量不存在严重的多重共线性问题（见表4-2）。

表4-2 多重共线性检验结果

解释变量	容忍度	VIF	解释变量	容忍度	VIF
反担保方式	0.877	1.140	主要结算方式	0.921	1.086
管理者道德风险	0.883	1.133	盈利情况	0.742	1.348
销售渠道	0.443	2.257	资产负债率	0.944	1.060
采购渠道	0.463	2.162	销售毛利率	0.733	1.364
个人订单情况	0.856	1.168	经营性现金流入量	0.904	1.107
个人持续经营年限	0.917	1.090	存货周转率	0.921	1.086
经营场地	0.863	1.159	主营业务集中度	0.967	1.034

2. 基准模型回归结果

表4-3反映了政府干预对农业信贷担保风险影响的实证结果，其中，本篇使用基于工具变量的Probit模型（IV-Probit模型）进行实证检验，解决了样本选择偏误问题和政府干预程度测量误差导致的内生性问题。

回归结果显示，反担保方式的系数为-0.836，且在1%的统计水平上显著。回归结果表明，政府干预对农业信贷担保风险具有显著的负向影响，即政府干预程度越高，农业信贷担保风险发生概率越大。对此的解释是，当政府干预农业信贷担保市场时，在银行利率和担保费率不变，新型农业经营主体缺乏抵押担保品的前提下，新型农业经营主体的生产经营项目收入大于零，新型农业经营主体管理者可以不承担项目失败的风险，较高的担保授信额度意味着成功时较高的利润，那么其会激励农业项目生产经营风险较高的新型农业经营主体申请较高的农业信贷担保额度，从而大大提升了由于生产经营项目失败导致的农业信贷担保风险，研究假说H_1得到验证。

回归估计结果表明，控制变量对农业信贷担保风险也会产生影响。个人订单情况、个人持续经营年限与盈利情况对农业信贷担保风险具有显著的正向影响。个人订单情况的系数为2.732，且在1%的统计水平上显著，表明全部或部分保障新型农业经营主体利益可以有效提升新型农业经营主体的还贷能力，从而降低农业信贷担保风险。个人持续经营年限的系数为0.077，且在1%的统计水平上显著，表明新型农业经营主体管理者从事所在农业行业年限越长，对所从事农业行业越了解，农业生产经营项目风险越低，农业信贷担保发生风险的概率越低。盈利情况的系数为2.620，且在1%的统计水平上显著，表明新型农业经营主体的盈利情况可以直接体现其创造财富和还款能力，新型农业经营主体盈利能力越强，则创造的价值越大，新型农业经营主体还款能力越高，农业信贷担保发生风险的可能性随之下降。

表4-3 政府干预影响农业信贷担保风险的估计结果

解释变量	系数	显著性	解释变量	系数	显著性
反担保方式	-0.836***	0.009	主要结算方式	0.254	0.114
销售渠道	0.065	0.854	盈利情况	2.620***	0.000
采购渠道	0.266	0.430	资产负债率	-0.091	0.506
个人订单情况	2.732***	0.000	销售毛利率	0.216	0.218
个人持续经营年限	0.077***	0.009	经营性现金流入量	0.001	0.112
经营场地	-0.106	0.771	存货周转率	0.068	0.329
主营业务集中度	0.967	1.034	常量	2.311	0.374
观测值	510				
拟合优度 R^2	0.095				
一阶段 F 值	3.991***				

注：***、**、*分别表示在1%、5%、10%的统计水平上显著。

3. 中介效应模型回归结果

管理者道德风险中介效应的回归结果如表4-4和表4-5所示。

表4-4的回归结果显示，管理者道德风险对农业信贷担保风险具有显著的负向影响。管理者道德风险的系数为-0.884，在1%的统计水平上显著，表明在信息不对称情况下，高风险的新型农业经营主体管理者可能隐藏或提供虚假信息，以获得更高的担保授信额度，从而诱发农业信贷担保风险。

表4-4 管理者道德风险中介效应的回归结果

解释变量	系数	显著性	解释变量	系数	显著性
反担保方式	-0.884***	0.001	主要结算方式	-0.089	0.503

续表

解释变量	系数	显著性	解释变量	系数	显著性
销售渠道	-0.481	0.125	盈利情况	-0.375	0.543
采购渠道	-0.806***	0.006	资产负债率	0.201	0.131
个人订单情况	-0.447	0.153	销售毛利率	0.300	0.336
个人持续经营年限	0.010	0.679	经营性现金流入量	0.001	0.652
经营场地	-0.647**	0.013	存货周转率	0.029	0.532
主营业务集中度	0.967	1.034	常量	0.967	0.631
观测值	510				
拟合优度 R^2	0.117				
工具变量的 t 值	0.562**				
一阶段 F 值	5.067***				

注：***、**、*分别表示在1%、5%、10%的统计水平上显著。

表4-5 政府干预影响管理者道德风险的估计结果

解释变量	系数	显著性	解释变量	系数	显著性
反担保方式	-0.649**	0.046	主要结算方式	0.237	0.146
管理者道德风险	-1.183***	0.001	盈利情况	2.553***	0.000
销售渠道	0.229	0.527	资产负债率	-0.157	0.433
采购渠道	0.407	0.241	销售毛利率	0.177	0.316
个人订单情况	2.741***	0.000	经营性现金流入量	0.001	0.142
个人持续经营年限	0.082***	0.006	存货周转率	0.073	0.345
经营场地	0.087	0.814	主营业务集中度	0.967	1.034
常量	1.929	0.447			
观测值	510				
拟合优度 R^2	0.122				
工具变量的 t 值	0.562**				
一阶段 F 值	4.885***				

注：***、**、*分别表示在1%、5%、10%的统计水平上显著。

从表4-5可以看到，政府干预对管理者道德风险具有显著的负向影响。

反担保方式的系数为-0.649,且在5%的统计水平上显著,表明政府干预农业信贷担保市场时,新型农业经营主体可以选择信用、保证和抵押担保等多种形式的反担保方式。由于农业信贷担保机构与新型农业经营主体之间存在严重的信息不对称,可能激励新型农业经营主体管理者隐藏或提供虚假信息,使农业信贷担保机构无法获得新型农业经营主体管理者全面和真实的信息,导致农业信贷担保体系对新型农业经营主体的生产经营项目进行的风险测度有很大的主观随意性,从而诱发农业信贷担保风险。即便农业信贷担保机构与新型农业经营主体两方之间的信息是对称的,但在出现风险时,由于农业信贷担保机构、新型农业经营主体与金融监管机构之间信息不对称,金融监管机构证实这种信息真实性的可能性极低。它在农业信贷担保市场上表现为,为了提高外部融资的可获得性,高风险的新型农业经营主体管理者可能隐藏或提供虚假信息,用以获得更高的担保授信额度从事农业生产经营风险较高的项目,从而诱发农业信贷担保风险。管理者道德风险的中介效应显著,即存在"政府干预—管理者道德风险—农业信贷担保风险"的影响路径。因此,研究假说 H_2 得到验证。

四、小结

本部分运用 2017 年 7 月至 2019 年 12 月 L 省农业信贷担保体系 510 户新型农业经营主体产生的真实数据,基于委托—代理理论的研究范式,以新型农业经营主体管理者道德风险作为中介变量,在政府干预影响农业信贷担保风险机理的基础上,采用 IV-Probit 模型解决样本选择偏误问题和政府干预程度测量误差导致的内生性问题,实证检验了政府干预对农业信贷担保风险的影响,并从中介变量管理者道德风险角度考察了政府干预对农业信贷担保风险的传导机制。研究发现:一是政府干预对农业信贷担保风险具有显著的负向影响,政府干预在一定程度上激励了农业生产经营项目风险较高的新型农业经营主体管理者申请较高的农业信贷担保额度,从而增加了农业信贷担保风险。二是管理者道德风险在政府干预影响农业信贷担保风险的过程中具有显著的负向中介效应。为了提高外部融资的可获得性,高风险的新型农业经营主体管理者可能隐藏或提供虚假信息,用以获得更高的担保授信额度从事农业生产经营风险较高的项目,从而诱发农业信贷担保风险。

第二节 基于关系契约视角的农业信贷担保风险识别

一、理论框架及研究假说

理论上而言，我国农业产业链是以种植和养殖环节为主，由上游投入品生产、中游种植养殖与产品加工、下游产品流通与销售渠道共同组成的多环节链接系统（程华等，2019）。农业产业链可以将新型农业经营主体互补性优势资源进行叠加，达到降低生产成本、实现规模经济的目的。但是，在实践中，由不同规模新型农业经营主体聚合而成的农业产业链大都出现规模不经济的产业结构，新型农业经营主体不仅存在被并购的风险，还受到金融机构信贷偏见的影响。而农业产业链中的关系契约不仅能巩固产业链中的新型农业经营主体的合作关系，而且使新型农业经营主体在农业产业链中居于农业产业链的核心地位（章和杰、杨尧均，2019）。在信息非对称情况下，由于新型农业经营主体居于农业产业链核心地位（许黎莉、陈东平，2019），因此新型农业经营主体相较于产业链上下游的生产经营主体是具有信息优势的一方。假定新型农业经营主体的产出 π 可观测，行动选择 a 和外生变量 θ 不可观测。由于农业产业链中关系契约的不完全性，新型农业经营主体行动选择 a_1 总是最大化自己的期望效用，因此农业产业链中的上下游生产经营主体只能通过依赖新型农业经营主体的效用最大化行为实现自身希望的行动。此时，农业产业链中的上下游生产经营主体从缔结的关系契约中得到的期望效用应不小于保留效用，即参与约束 IR。

在农业产业链中，由于上下游的生产经营主体与新型农业经营主体缔结关系契约的不完全性，新型农业经营主体总是会选择最大化自己效用水平的行动 a_1，即农业产业链中的上下游生产经营主体不可能采用与新型农业经营主体缔结强制惩罚关系契约约束新型农业经营主体行为选择，而只能通过缔结利益分配契约 $S(\pi)$ 全部或部分保障新型农业经营主体利益，从而激励新型农业经营主体选择生产经营主体希望的行为,即激励相容约束 IC。农业产业链中的上下游生产经营主体面临的问题是设计一种既能最大化自己的期望效用又能满足新型农业经营主体激励相容约束 IC 和参与约束 IR 的关系契约 S(π)。由于农业产业链中的各参与主体之间缔结了关系契约 S(π),全部或部分保障了新型农业经营主体的收益,在一定程度上提升了新型农业经营主体的还贷能力,从而降低了农业信贷担保风险。据此,本篇提出研究假说 H_3。

H_3:农业产业链中的关系契约对农业信贷担保风险具有正向影响。

假定新型农业经营主体选择效用最大化的行为 a 有两个可能的取值,即 L 和 H。其中 L 代表新型农业经营主体管理者的风险态度为偏好型,即新型农业经营主体管理者针对关系契约的不完全性,为了追求利润最大化,会冒险选择最大化自己效用水平的行为,而非生产经营主体期望的行为;H 代表新型农业经营主体管理者的风险态度为中性。假定 π 的最小取值是 $\underline{\pi}$,最大取值是 $\bar{\pi}$。如果新型农业经营主体管理者的风险态度为偏好型(a=L),分布函数和分布密度分别为 $F_L(\pi)$ 和 $f_L(\pi)$;如果新型农业经营主体管理者的风险态度为中性(a=H),π 的分布函数和分布密度分别为 $F_H(\pi)$ 和 $f_H(\pi)$。π(a,θ)是 a 的递减函数,即新型农业经营主体的风险态度为中性,则生产经营主体发生风险的概率越小。

将 π 本身作为一个随机变量时,这个假定可以重新表述为:分布函数满足一阶随机占优条件,即对于所有的 $\pi \in [\underline{\pi}, \bar{\pi}]$,$F_H(\pi) \leq F_L(\pi)$,其中严格不等式至少对 π 在定义域 $[\underline{\pi}, \bar{\pi}]$ 上的某些取值成立。也就是说,新型农业经营主体的风险态度为中性时的概率大于风险态度为偏好型时的概率[π 大于任何给定 $\bar{\pi}$ 的概率为 1-F($\bar{\pi}$)]。当 a 是连续变量且 F(π,a)对 a 可微时,这个假设意味着 $\alpha F/\alpha a < 0$。

对于农业产业链中的上下游生产经营主体来说,假定新型农业经营主体的风险态度为中性时的成本 c(H)大于风险态度为偏好型的成本 c(L)。在这一假设下,如果新型农业经营主体只想选择 a=L,以获取更多的利润,可以针对关系契约的不完全性冒险选择最大化自己效用水平的行为,而非农业产业链中的上下游生产经营主体期望的行为来达到这一目的,因为对于新型农业经营主体而言,选择最大化自己效用水平的行为是最优选择。

假定农业产业链中的上下游生产经营主体希望新型农业经营主体选择 a = H，此时新型农业经营主体的激励相容约束意味着 αs/απ≠0；为了激励新型农业经营主体不针对关系契约的不完全性选择机会主义行为，农业产业链中的上下游生产经营主体必须放弃帕累托最优风险分担契约。假定农业产业链中的上下游生产经营主体和新型农业经营主体的期望效用函数分别为 v 和 u，农业产业链中的上下游生产经营主体需要设计关系契约 s（π）求解下列最优化问题：

$$\max_{s(\pi)} \int v[\pi - s(\pi)]fH(\pi)d\pi \tag{4-10}$$

$$s.t. \ (IR) \int u[s(\pi)]fHd\pi - c(H) \geq \bar{u} \tag{4-11}$$

$$(IC) \int u[s(\pi)]fH(\pi)d\pi - c(H) \geq \tag{4-12}$$

$$\int u[s(\pi)]fL(\pi)d\pi - c(L) \tag{4-13}$$

激励约束 IC 表明，给定 s（π），新型农业经营主体的风险态度为中性时得到的期望效用大于风险态度为偏好型时的期望效用。设定 λ 和 μ 分别为参与约束 IR 和激励相容约束 IC 的拉格朗日乘数，那么上述最优化问题的一阶条件为：

$$-\mu'fH(\pi)+\lambda u'fH(\pi)+\mu u'fH(\pi)-\mu u'fL(\pi)= 0 \tag{4-14}$$

整理得：

$$\frac{\mu'(\pi-s(\pi))}{u'(s(\pi))}= \lambda+\mu\left(1-\frac{f_L}{f_H}\right) \tag{4-15}$$

式（4-15）中，如果 μ = 0，我们得到帕累托最优风险分担条件，即式（4-10）。但因为 μ = 0 破坏了激励相容约束 IC，所以 μ>0。s（π）表示满足条件式（4-15）的激励合同，s_λ（π）表示由帕累托最优风险分担条件式（4-10）决定的契约。那么，比较式（4-15）和式（4-10），我们有下述结果：

$$s(\pi)\leq s_\lambda(\pi), \ f_L(\pi)\geq f_H(\pi) \tag{4-16}$$

或

$$s(\pi)> s_\lambda(\pi), \ f_L(\pi)< f_H(\pi) \tag{4-17}$$

对于新型农业经营主体的产出 π，如果 π 在新型农业经营主体的风险态度为中性（a=L）时出现的概率大于风险偏好型（a=H）时出现的概率，表明新型农业经营主体针对关系契约的不完全性，为了追求利润最大化，将会冒险选择最大化自己效用水平的行为,而非农业产业链中的上下游生产经营主体期望的行为,这增加了生产经营主体的风险,从而导致农业产业链中的上下游生产经营主体无法保障新型农业经营主体的利益,在一定程度上降低了新型农业经营主体的还贷能力,最终加大了农业信贷担保风险;反之,如果 π 在新型农业经营主体的风险态度为偏好型（a=L）出现的概率小于风险态度为中性型（a=H）出现的概率,表明新型农业经营主体会选择上下游生产经营组织所期望的行为,农业产业链中的上下游生产经营主体可以保障新型农业经营主体的利益,从而在一定程度上提升了新型农业经营主体的还贷能力,最终降低了农业信贷担保风险发生的概率。基于以上理论分析,本篇提出研究假说 H_4。

H_4：管理者风险态度在农业产业链中的关系契约影响农业信贷担保风险的过程中具有负向中介效应。

综上所述,农业产业链中的关系契约影响农业信贷担保风险的作用机理如图 4-2。

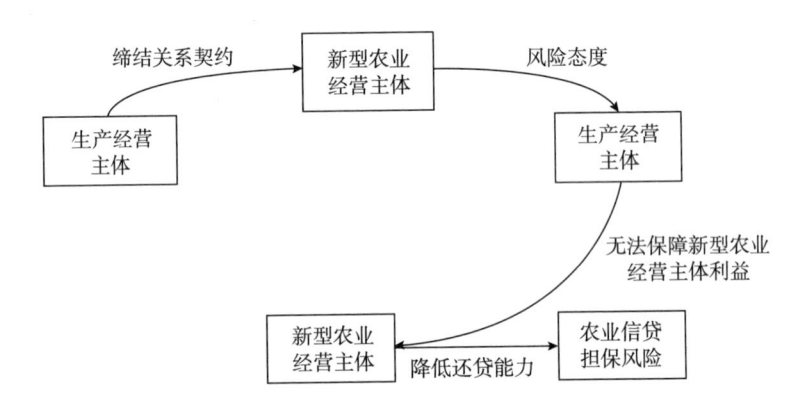

图 4-2 农业产业链中的关系契约对农业信贷担保风险影响的作用机理

二、模型构建与变量设置

1. 模型构建

（1）基准模型的构建。在分析农业产业链中的关系契约影响农业信贷担保风险时,要处理好农业产业链中的关系契约测量误差导致的内生性问题。

在调查过程中，新型农业经营主体为了提高信贷担保支持的可能性，管理者可能靠推断给出了农业产业链中的关系契约问题的正确答案，这会导致测度出现偏差。对此，拟采用 IV-Probit 模型，以解决农业产业链中的关系契约测量误差导致的内生性问题（Wooldridge，2010；孙光林等，2019）。

本部分选取新型农业经营主体主要结算方式作为农业产业链中的关系契约的工具变量。首先，农业产业链中的关系契约与主要结算方式密切相关。主要结算方式为"预付"或"现付"，可以部分保障新型农业经营主体利润，从而有效激励新型农业经营主体选择生产经营主体希望的行为，以降低农业信贷担保风险发生的概率。其次，主要结算方式在新型农业经营主体申请农业信贷担保之前已经发生，并不会对农业信贷担保风险产生直接影响。因此，新型农业经营主体主要结算方式相对于农业信贷担保风险是严格外生的变量。

为了检验研究假说 H_3，本篇构建了基于工具变量的 Probit 模型，模型分为两个阶段。

第一阶段，将内生解释变量农业产业链中的关系契约对工具变量主要结算方式做 OLS 回归，得到变量农业产业链中的关系契约的拟合值，方程的表达式为：

$$contract_i = a_1 + b_1 account_i + \varepsilon_i \tag{4-18}$$

$$\hat{contract_i^*} = \hat{a}_1 + \hat{b}_1 account_i + c_1 \tag{4-19}$$

其中，i 表示第 i 个新型农业经营主体；contract 表示农业产业链中的关系契约；$contract_i^*$ 表示潜变量农业产业链中的关系契约的拟合值；account 表示工具变量，即主要结算方式；ε_i、c_1 表示随机误差项；a_1、b_1、$\hat{a}_1$、$\hat{b}_1$ 分别表示参数估计值。

第二阶段，采用 Probit 法对农业信贷担保风险进行回归估计，即建立方程分析农业信贷担保风险，将潜变量农业产业链中的关系契约的残差 $contract_i^*$ 和外生解释变量做 Probit 回归，方程的表达式为：

$$Probit(risk) = a_2 + b_2 \hat{contract_i^*} + c_2 X + \varepsilon_i \tag{4-20}$$

其中，risk 为第 i 个新型农业经营主体的农业信贷担保风险变量：如果新型农业经营主体违约，导致农业产业链发生风险，则农业信贷担保风险发生，risk 取值为 1；如果新型农业经营主体正常履约，农业信贷担保没有发生风险，risk 取值为 0。X 表示农业信贷担保风险的外生解释变量。ε_i 表示随机误差项，a_2、b_2 和 c_2 分别表示参数估计值。

（2）中介效应模型的构建。为了验证研究假说 H_4，在考虑农业产业链中的关系契约测量误差导致的内生性问题的基础上，对农业产业链中的关系契约通过新型农业经营主体管理者风险态度影响农业信贷担保风险的传导机制进行检验。

第一阶段，检验农业产业链中的关系契约对中介变量新型农业经营主体管理者风险态度（preference）的影响。这里需要解决农业产业链中的关系契约测量误差导致的内生性问题，为此，本篇构建了基于工具变量主要结算方式的 Probit 模型，模型的表达式为：

$$\text{Probit}(\text{preference}=1) = a_3 + b_3 \hat{\text{contraty}}_i^* + c_3 X_i + \varepsilon_i \quad (4-21)$$

其中，中介变量新型农业经营主体管理者的风险态度（preference）是取值为 1 和 0 的虚拟变量，probit（preference=1）表示新型农业经营主体管理者的风险态度为偏好型，X_i 表示第 i 个控制变量，ε_i 表示随机误差项，a_3、b_3 和 c_3 分别表示参数的估计值。

第二阶段，需要解决农业产业链中的关系契约测量误差导致的内生性问题。为此，采用 Probit 模型进行回归估计，具体表达式为：

$$\text{Probit}(\text{risk}=1) = a_4 + b_4 \text{contract}_i^* + b_5 \text{morality} + \gamma X + \varepsilon_i \quad (4-22)$$

其中，Probit（risk=1）为农业信贷担保发生风险的概率，X 表示控制变量向量，ε_i 表示随机误差项，a_4、b_4、b_5 和 γ 分别表示参数的估计值。

本部分运用式（4-18）至式（4-22）的回归估计结果检验农业产业链中的关系契约通过新型农业经营主体管理者风险态度影响农业信贷担保风险的传导机制，具体检验步骤如下：第一步，检验回归系数 b_2 的显著性。如果 b_2 显著，则继续第二步；反之，则停止检验，表明中介变量新型农业经营主体管理者的风险态度（preference）不具有中介效应。第二步，检验回归系数 b_3 的显著性。如果两个回归系数显著，则继续第三步；如果检验回归系数 b_3 不显著，则越过第三步，直接进行第四步。第三步，检验回归系数 b_4 和 b_5 的显著性。如果回归系数 b_4 和 b_5 都显著，则说明中介变量新型农业经营主体管理者的风险态度具有中介效应；如果回归系数 b_4 和 b_5 中至少有一个不显著，则说明中介变量新型农业经营主体管理者的风险态度不具有中介效应。

第四步，如果第二步的回归结果中的回归系数 b_3 存在不显著的情况，则进行 Sobel 检验。

2. 变量设置

本部分在结合研究目标和研究内容的基础上，从管理者资质、管理者财务情况和非财务情况三个维度甄选了 13 个变量进行变量设置，用以识别农业产业链中的关系契约对农业信贷担保风险的影响。

（1）因变量：农业信贷担保风险。农业信贷担保风险主要是新型农业经营主体的违约风险（魏国雄，2015）。本部分将由于新型农业经营主体管理者推迟还款、欠息、无能力或者拒绝归还银行等金融机构贷款而造成违约事实，使农业信贷担保体系发生代偿风险的情况视为农业信贷担保风险。

（2）核心自变量：农业产业链中的关系契约。本篇选取新型农业经营主体与主要上下游客户签订订单是否能覆盖半年以上销售额平均值这一指标衡量农业产业链中的关系契约。

（3）工具变量：主要结算方式。本部分选取预付、现付、赊销为主和赊销四种方式作为新型农业经营主体主要结算方式。

（4）中介变量：新型农业经营主体管理者的风险态度。本篇借鉴农业信贷担保机构贷款担保风险评级指标体系中关于衡量新型农业经营主体管理者风险态度的评价指标，即使用新型农业经营主体管理者是否具有农业生产经营风险意识、是否具有盲目扩张倾向来衡量管理者风险态度。

（5）控制变量。控制变量分为两个维度：第一，管理者非财务情况。它包括销售渠道、采购渠道、主营业务集中度、个人持续经营年限、经营场地五个指标。新型农业经营主体管理者销售渠道、采购渠道越稳定，回款账期越短，在本行业持续经营时间越长，主营业务越集中，对从事行业相关政策及运作流程越了解，客户变动率越低，管理者违约概率越降低。一般来说，管理者拥有经营场地使用权和房屋产权，变现能力强，还款来源有保障，农业信贷担保风险低。

第二，管理者财务情况。它包括盈利情况、资产负债率、销售毛利率、经营性现金流入量、存货周转率五个指标。新型农业经营主体管理者所从事的农业生产经营项目销售毛利率越高，资产负债率越低，存货周转率越高，经营性现金流入量（可为公司账户及个人账户的流入量合计，但需为个人实际用于经营的流入量）大于全年销售，近两年盈利，农业信贷担保风险越低。

变量含义、赋值说明及其描述性统计如表4-6所示。

表4-6 变量含义、赋值说明及其描述性统计

	变量名称	变量含义及赋值	极小值	极大值	标准差	平均值
因变量	农业信贷担保风险	1=发生风险；0=未发生风险	0	1	0.325	0.120
核心自变量	农业产业链中的关系契约	1=与主要上下游客户签订订单可以覆盖半年以上销售额平均值；0=与主要上下游客户签订订单不能覆盖半年以上销售额平均值	0	1	0.440	0.505
工具变量	主要结算方式	3=预付［预付比例在50%（含）以上］；2=现付；1=赊销为主（赊销账期通常在3个月以内）；0=赊销	0	3	1.360	1.063
中介变量	管理者风险态度	1=风险偏好；0=风险中性	0	1	0.090	0.281
控制变量	管理者非财务情况 销售渠道	2=下游客户实力较强，结算有保障（一年以上账期的应收账款占比不超过10%），且合作年限在3年以上；1=主要销售对象为零售商或终端消费者，销售回款存在一定账期，且合作年限在3年以下的抑或主要销售对象为终端消费者；0=主要销售对象为零售商或终端消费者，客户变动率较高，且无固定合作年限	0	2	0.680	0.642
	采购渠道	2=主要供应商具备相当实力，但合作年限在3年以内，或主要供应商一般，但合作年限在3年（含）以上的；1=主要供应商一般，且合作年限在3年以内的；0=供应商变动频率高，无长期合作关系	0	2	0.770	0.661

续表

	变量名称	变量含义及赋值	极小值	极大值	标准差	平均值
控制变量	管理者非财务情况	个人持续经营年限	实际经营年限（单位：年）	1	32	8.890	5.530
		经营场地	1=拥有土地使用权证和房屋产权证；0=未拥有土地使用权证和房屋产权证	0	1	0.700	0.457
		主营业务集中度	银行实际测算值	0	1	0.980	0.079
	管理者财务情况	盈利情况	1=近两年实现盈利；0=近两年经营出现过亏损	0	1	0.960	0.203
		资产负债率	银行实际测算值	0	19	0.310	1.121
		销售毛利率	银行实际测算值	−17	1	0.240	1.140
		经营性现金流入量	银行实际测算值（单位：万元）	0	17100	1091.890	2.273
		存货周转率	银行实际测算值	0	34	2.140	2.725

3. 数据描述

表4-6的各个变量的相关统计数据显示，2017年7月至2019年12月L省农业信贷担保体系业务中发生风险样本的平均值为0.120。同时，核心自变量农业产业链中的关系契约的平均值为0.505。工具变量主要结算方式的平均值为1.063，介于"赊销为主"和"现付"两种结算方式之间。中介变量管理者风险态度的平均值为0.281。

控制变量的统计结果显示，样本中销售渠道的平均值为0.642，介于"零售商"和"终端消费者"两种销售渠道之间。采购渠道的平均值为0.661，介于"无长期合作关系"和"合作年限在3年以内"两种采购渠道之间。个人持续经营年限的平均值为5.530年。经营场地的平均值为0.457。主营业务集中度的平均值为0.079。盈利情况的平均值为0.203。资产负债率的平均值为1.121。销售毛利率的平均值为1.140。经营性现金流入量的平均值为2.273。存货周转率的平均值为2.725。

三、模型估计与结果

1. 多重共线性检验结果

为防止多重共线性对研究结果造成误差，本篇采用 Hair（1995）提出的解释变量的容忍度大于 0.1、VIF 小于 10（VIF 值越接近于 1，多重共线性越轻，反之则越重）则表明解释变量之间不存在共线性问题的共线性诊断标准。对解释变量进行多重共线性检验，检验结果表明本篇所选用的解释变量不存在严重的多重共线性问题（见表 4-7）。

表 4-7　多重共线性检验结果

解释变量	容忍度	VIF	解释变量	容忍度	VIF
农业产业链中的关系契约	0.864	1.158	经营场地	0.883	1.132
管理者的风险态度	0.924	1.082	存货周转率	0.940	1.064
销售渠道	0.450	2.224	盈利情况	0.950	1.052
采购渠道	0.457	2.190	资产负债率	0.975	1.026
个人持续经营年限	0.929	1.076	销售毛利率	0.956	1.046
主营业务集中度	0.974	1.027	经营性现金流入量	0.814	1.046

2. 基准模型回归结果

表 4-8 反映了农业产业链中的关系契约对农业信贷担保风险影响的实证结果，其中，本篇使用基于工具变量的 Probit 模型进行实证检验，解决了农业产业链中的关系契约测量误差导致的内生性问题。

回归结果显示，农业产业链中的关系契约的系数为正，且在 1% 的统计水平上显著。回归结果表明，农业产业链中的关系契约对农业信贷担保风险具有正向影响。对此的解释是，上下游的生产经营主体通过农业产业链中的关系契约全部或部分保障了新型农业经营主体利益，提升了新型农业经营主体的还贷能力，从而降低了农业信贷担保风险，研究假说 H_3 得到验证。

回归估计结果表明，控制变量对农业信贷担保风险也产生影响。其中，个人持续经营年限、盈利情况和销售毛利率具有显著的正向影响，资产负债率具有显著的负向影响。个人持续经营年限的系数为正，且在 5% 的统计水平上显著，表明新型农业经营主体管理者从事所在行业年限越长，农业信贷担保风险越低。盈利情况的系数为正，且在1%的统计水平上显著，表明新型农业经营主体创造财富能力越强，农业信贷担保风险越低。销售毛利率的系数为正，且在1%的统计水平上显著，表明新型农业经营主体的还款能力越强，农业信贷担保风险越低。资产负债率的系数为负，且在5%的统计水平上显著，表明新型农业经营主体的信用等级越高，农业信贷担保风险越低。

表4-8 农业产业链中的关系契约影响农业信贷担保风险的估计结果

解释变量	系数	显著性	解释变量	系数	显著性
农业产业链中的关系契约	0.082***	0.000	存货周转率	0.014	0.630
销售渠道	0.018	0.572	盈利情况	0.274***	0.000
采购渠道	0.015	0.629	资产负债率	-0.091**	0.014
主营业务集中度	0.108	0.543	销售毛利率	0.097***	0.002
个人持续经营年限	0.006**	0.024	经营性现金流入量	0.001	0.968
经营场地	0.024	0.456	常数项	0.260	0.169
观测值	510				
拟合优度 R^2	0.101				
一阶段F值	5.091***				

注：***、**、*分别表示在1%、5%、10%的统计水平上显著。

3. 中介效应模型回归结果

管理者风险态度的中介效应回归结果如表4-9和表4-10所示。

表4-9的回归结果显示，管理者的风险态度对农业信贷担保风险具有显著的负向影响。管理者的风险态度的系数为负，在1%的统计水平上显著，表明新型农业经营主体的风险态度为偏好型时，为了追求利润最大化，会冒险选择最大化自己效用水平的行为，而非农业产业链中的上下游生产经营主体期望的行为，从而增加了生产经营主体的风险，最终导致农业产业链中的上下游生产经营主体无法保障新型农业经营主体的利益，这在一定程度上降低了新型农业经营主体的还贷能力，最终提升了农业信贷担保风险发生概率。

表 4-9　管理者风险态度中介效应的回归结果

解释变量	系数	显著性	解释变量	系数	显著性
农业产业链中的关系契约	0.086***	0.000	存货周转率	0.006	0.840
管理者的风险态度	-0.141***	0.010	盈利情况	0.247***	0.000
销售渠道	0.020	0.538	资产负债率	-0.095***	0.010
采购渠道	0.020	0.521	销售毛利率	0.096***	0.002
主营业务集中度	0.129	0.466	经营性现金流入量	0.006	0.864
个人持续经营年限	0.005*	0.053	经营场地	0.031	0.332
常量	0.346*	0.070			
观测值	510				
拟合优度 R^2	0.113				
工具变量的 t 值	1.813*				
一阶段 F 值	5.281***				

注：***、**、*分别表示在1%、5%、10%的统计水平上显著。

从表 4-10 可以看到，农业产业链中的关系契约对管理者风险态度具有显著的负向影响。农业产业链中的关系契约的系数为负，且在5%的统计水平上显著，表明农业产业链中的关系契约将决定新型农业经营主体管理者在生产经营过程中的风险态度。新型农业经营主体管理者风险态度的中介效应显著，即存在"农业产业链中的关系契约—管理者风险态度—农业信贷担保风险"的影响路径。因此，研究假说 H_4 得到验证。

表 4-10　农业产业链中的关系契约影响管理者风险态度的估计结果

解释变量	系数	显著性	解释变量	系数	显著性
农业产业链中的关系契约	-0.248**	0.014	盈利情况	0.191***	0.001
销售渠道	-0.011	0.682	资产负债率	0.029	0.331
采购渠道	-0.034	0.178	存货周转率	-0.060**	0.016
个人持续经营年限	0.006***	0.005	销售毛利率	0.002	0.932
主营业务集中度	0.148	0.310	经营性现金流入量	0.049*	0.068
经营场地	0.050*	0.056	常数项	0.610***	0.000

续表

解释变量	系数	显著性	解释变量	系数	显著性
观测值	510				
拟合优度 R^2	0.076				
工具变量的 t 值	3.930***				
一阶段 F 值	3.733***				

注：***、**、*分别表示在1%、5%、10%的统计水平上显著。

四、小结

本部分运用2017年7月至2019年12月L省农业信贷担保体系510户新型农业经营主体产生的真实数据，基于契约理论的研究范式，重点解析以新型农业经营主体管理者的风险态度作为中介变量，农业产业链中的关系契约对农业信贷担保风险的影响机理，采用IV-Probit模型和中介效应法，解决农业产业链中的关系契约测量误差导致的内生性问题，实证检验了农业产业链中的关系契约对农业信贷担保风险的影响，并从中介变量管理者的风险态度考察了农业产业链中的关系契约对农业信贷担保风险的传导机制。研究发现：一是农业产业链中的关系契约对农业信贷担保风险具有显著的正向影响，农业产业链中的关系契约全部或部分保障了新型农业经营主体的收益，提升了新型农业经营主体的还贷能力，从而降低了农业信贷担保风险。二是农业产业链中的关系契约影响农业信贷担保风险的路径依赖于新型农业经营主体管理者的风险态度，即新型农业经营主体作为契约经济人，在信息不对称、契约不完全、隐性违约成本为零或者极低的情况下，很容易产生机会主义倾向。这表现为在农业产业链中即为新型农业经营主体总是试图在各种契约约束下寻求自身效用最大化。因此，在农业信贷担保体系运行过程中，风险态度为中性的新型农业经营主体可以更加有效地处理好与上、下游产业链中的生产经营主体之间的利益分配关系，以达到农业产业链中各主体之间的风险最小化和利润最大化的目的，从而有效降低农业信贷担保风险。

第五章 农业信贷担保风险评价

第一节 基于政府干预视角的农业信贷担保风险评价

学术界对于农业信贷担保风险的评价主要是以新型农业经营主体资本（固定资产情况和财务状况）为核心评价农业信贷担保风险，同时以新型农业经营主体管理者资本（主要是管理者征信情况）辅之（兰军、严广乐，2019）。具体评价过程：一是筛选影响农业信贷担保风险的关键指标；二是建立农业信贷担保风险评价指标体系；三是建立农业信贷担保风险分类判别模型；四是使用新型农业经营主体数据样本对新型农业经营主体各个维度的指标进行权重衡量，并依据回归结果进行排序，明确农业信贷担保风险的主要影响因素，最终判断农业信贷担保风险发生概率（Altman and Saunders，1997；Agarwal and Taffler，2008；徐临等，2017；霍源源等，2019）。

本篇认为农业信贷担保风险评价不应该仅仅简单地将新型农业经营主体财务指标和非财务指标作为一个完整系统，对系统内部的各个指标进行量化和排序，而是应该打破这种传统评价农业信贷担保风险的分析思路，以预判外部机制冲击对新型农业经营主体违约风险影响程度为目的，实证检验外部机制冲击对农业信贷担保风险系统中的各个指标的正、负向影响，同时测度农业信贷担保风险系统中各个维度的指标从无序到有序进行分布的过程，最终客观和全面地评价农业信贷担保风险。冲量模型作为一种具有可操作性和客观性强等特点的农业信贷担保风险评价方法（李延敏、穆庆贺，2017），可以客观地评价政府干预机制对农业信贷担保风险系统内各个指标的影响，而非只是简单地对农业信贷担保风险系统内各个维度的指标进行量化和排序。

根据以上分析思路，本节在基于政府干预视角的农业信贷担保风险识别的基础上，对农业信贷担保风险进行评价。本节分为四个部分：一是阐释方法选择和提出研究前提；二是进行模型构建，以达到评价政府干预机制冲击农业信贷担保风险系统，并对系统内各个指标产生正、负向影响的目的；三是采用冲量模型实证检验政府干预机制冲击下新型农业经营主体的履约稳定性；四是对本部分进行小结。

一、方法选取和研究前提

1. 方法选取

在实践中，农业信贷担保机构在评价新型农业经营主体信贷担保风险时主要借鉴了商业银行信贷风险评价方法，分析新型农业经营主体的财务状况和非财务状况，从而评价农业信贷担保风险。通过对现有文献进行梳理，现阶段我国商业银行信贷风险评价方法主要分为定性和定量两种类型：一是部分学者基于农业金融管理理论，运用 AHP 法和 DlePhi 法等定性和定量相结合的方法，结合新型农业经营主体的财务状况和非财务状况，对农业信贷风险进行评价（于丽红等，2014；钮中阳、乔均，2018）；二是部分学者认为使用 AHP 法和 DlePhi 法等定性方法分析新型农业经营主体的财务状况和非财务状况在信贷风险评价过程中缺乏客观性，使得风险评价结果具有较大不确定性，因此选取 BP 神经网络模型、Fisher 判别分析模型和二元 Logit 模型等定量模型以降低人工因素对评价结果的干扰（方先明、熊鹏，2005；胡绪华、吉敏，2009；张雪丽、朱天星，2011；魏岚，2013）。两种类型的评价方法共同点都是结合新型农业经营主体的财务状况和非财务状况评价农业信贷担保风险，也就是说评价农业信贷风险系统的内部因素对农业信贷担保风险的影响，鲜有研究评价外部机制冲击对农业信贷担保风险的影响。本篇在评价农业信贷担保风险时选取 2017 年 7 月至 2019 年 12 月 L 省农业信贷担保体系业务所产生的真实数据，以新型农业经营主体的财务状况和非财务状况为基础，同时观察外部机制冲击对农业信贷担保风险各个因素的影响。

鉴于此，本章在参考李延敏和穆庆贺（2017）、王双全等（2019）研究成果的基础上，将农业信贷担保风险评价定义为：以预判外部机制冲击对新型农业经营主体违约风险影响程度为目的，实证检验外部机制冲击对农业信贷担保风险系统中的各个指标的正、负向影响，同时测度农业信贷担保风险系统中各个指标从无序到有序分布的过程，从而客观和全面地评价农业信贷担保风险。

冲量过程模型作为一种物理学的系统分析方法，目前广泛应用于航空航天、水利灌溉、计算机技术和装备系统安全等自然科学领域，它是在确定所研究系统的边界，以及系统内部因素的相互影响的正向或者反向关系基础上，研究外部冲击对系统内部各因素的影响，观察系统内部要素分布从无序到有序的过程，以判断未来系统整体稳定性的量化方法。所谓系统稳定性是指当系统受到外部冲击时，依然可以经过系统内部各因素的调整变化，实现对外部冲击的消减，最终恢复到系统相对平衡状态的能力，而系统内部各因素的连锁变化过程称为冲量过程（姜启源等，2003）。

由于冲量过程模型基于新型农业经营主体生产经营稳定性视角，加之农业信贷担保的政策性属性，农业信贷担保机构要求新型农业经营主体生产经营的稳定性优先于盈利性特征。在政府干预机制下，农业信贷担保机构降低了新型农业经营主体的融资成本并提供多种化的反担保方式，在拓展农业信贷担保覆盖面和普惠性的同时，加大了农业信贷担保风险概率。这使得在外部机制冲击下，农业信贷担保机构通过对新型农业经营主体违约风险评价寻求具有较为稳定的履约能力的新型农业经营主体成为农业信贷担保机构可持续发展的内在要求。所以，冲量过程模型对新型农业经营主体稳定性的衡量和农业信贷担保风险评价对新型农业经营主体稳定性的寻求具有一致性，本部分借助冲量过程模型对农业信贷担保风险进行评价，可以很好地评价外部冲击对农业信贷担保风险的影响。

在政府干预机制下，新型农业经营主体作为农业信贷担保体系中一个独立生产运营的微观经济系统，可以通过对自身系统中的生产经营要素进行调整，保持新型农业经营主体系统的稳定性。由于我国农业信贷担保机构所授信的新型农业经营主体数据不对外公开，学者们关于农业信贷担保风险评价的研究所采用的数据多是使用上市公司财务报表数据或是停留在理论分析层面，少有使用定量方法对农业信贷担保体系所产生的真实数据进行研究，这对于科学、客观地评价农业信贷担保风险来说是一个缺憾，不利于防范农业信贷担保风险及拓展农业信贷担保覆盖面和普惠性。

2. 研究前提

本部分根据冲量模型特点和新型农业经营主体特征，提出如下五条研究前提：

研究前提1：在数据调研期间，新型农业经营主体所处的外部市场经济环境、国家或地方宏观经济政策、农业技术和法律法规等外部机制未发生变化。在政府干预机制下，新型农业经营主体的外部冲击主要是在融资过程中融资成本（银行利率和担保费率之和）降低和反担保方式的多样化。

研究前提2：在数据调研期间，新型农业经营主体管理者资质、管理者财务情况和非财务情况等生产经营情况不发生显著变化。

研究前提3：在政府干预机制下，新型农业经营主体受到外部冲击引起的农业信贷担保风险表现形式为新型农业经营主体在融资过程中融资成本（银行利率和担保费率之和）降低和反担保方式的多样化所引起的新型农业经营主体的所有违约行为。

研究前提4：在政府干预机制下，在新型农业经营主体面对外部冲击时，新型农业经营主体的稳定性随着外部冲击强度发生改变，当政府干预机制对新型农业经营主体的冲击程度超过新型农业经营主体所能承受的临界值时，新型农业经营主体出现不稳定状态，从而造成农业信贷担保风险。

研究前提5：新型农业经营主体稳定性越强，农业信贷担保风险发生概率越小；新型农业经营主体稳定性越弱，农业信贷担保风险发生概率越大。

二、模型构建

在前文基于政府干预视角的农业信贷担保风险识别中，通过使用IV-Probit模型，对L省农业信贷担保体系2017年7月至2019年12月所授信的

510户新型农业经营主体所产生的真实数据进行实证检验,识别出反担保方式、管理者道德风险、个人订单情况、个人持续经营年限、盈利情况5个指标对农业信贷担保风险具有显著影响。因此,本部分使用反担保方式、管理者道德风险、个人订单情况、个人持续经营年限、盈利情况这5个指标共同组成农业信贷担保风险的五因素封闭系统。同时,使用x_1、x_2、x_3、x_4和x_5分别表示新型农业经营主体管理者道德风险、个人订单情况、个人持续经营年限、盈利情况和反担保方式这些外部冲击因素。

在农业信贷担保风险封闭系统中,使用$e_i(t)$表示系统内因素e_i在t时刻的动量,使用e_{ij}表示影响因素e_i在下一个时刻对因素e_j的影响因子(i, j=1, 2, 3, 4, 5),设定农业信贷担保风险系统内各个影响因素之间的作用关系和方向的关系式为:

$$e_{ij} = \begin{cases} 1, & e_i \text{ 在下一时刻对 } e_j \text{ 有正向影响} \\ 0, & e_i \text{ 在下一时刻对 } e_j \text{ 无影响} \\ -1, & e_i \text{ 在下一时刻对 } e_j \text{ 有负向影响} \end{cases} \quad (5-1)$$

使用SPSS25.0软件对510户新型农业经营主体所产生的数据进行回归分析,得到农业信贷担保风险系统内新型农业经营主体管理者道德风险、个人订单情况、个人持续经营年限、盈利情况和反担保方式这5个指标之间相互影响的关系矩阵为:

$$A = (e_{ij})_{5 \times 5} = \begin{bmatrix} a_{11} & a_{12} & a_{13} & a_{14} & a_{15} \\ a_{21} & a_{22} & a_{23} & a_{24} & a_{25} \\ a_{31} & a_{32} & a_{33} & a_{34} & a_{35} \\ a_{41} & a_{42} & a_{43} & a_{44} & a_{45} \\ a_{51} & a_{52} & a_{53} & a_{54} & a_{55} \end{bmatrix} = \begin{bmatrix} 1 & -1 & 0 & 0 & -1 \\ -1 & 1 & 1 & 0 & -1 \\ 0 & 1 & 1 & 0 & 0 \\ 0 & 0 & 0 & 1 & -1 \\ -1 & -1 & 0 & 1 & 1 \end{bmatrix} \quad (5-2)$$

使用$q_i(t)$表示因素e_i从t-1到t时段的冲量,其中,$q_i(0)$表示政府干预在t=0时对因素e_i的一个冲量。

$$q_j(t+1) = \sum_{i=1}^{5} a_{ij} q_i(t) \quad (5-3)$$

其中,j=1, 2, 3, 4, 5;t=0, 1, 2。

$$e_i(t+1) = e_i(t) + q_i(t+1) \quad (5-4)$$

其中,i=1, 2, 3, 4, 5;t=0, 1, 2。

令

$E(t) = [e_1(t), e_2(t), e_3(t), e_4(t), e_5(t)]$

$Q(t) = [q_1(t), q_2(t), q_3(t), q_4(t), q_5(t)]$

有

$$E(t+1) = E(t)A \tag{5-5}$$

$$Q(t+1) = Q(t)A \tag{5-6}$$

其中，t=0，1，2。将 E(0) 和 Q(0) 代入式（5-1）至式（5-6），可计算出农业信贷担保风险系统在任意时段 t 的动量 E(t) 和 t 到 t+1 时段的冲量 Q(t+1)，从而检验政府干预冲击农业信贷担保风险的变化趋势。

根据协同效应理论，本部分假设新型农业经营主体管理者道德风险、个人订单情况、个人持续经营年限、盈利情况和反担保方式这 5 个指标在评价农业信贷担保风险中的重要性相同，各个指标在不同时刻的动量的均值和方差可以有效反映政府干预冲击农业信贷担保风险的变化趋势和协调性，即：

$$\overline{e(t)} = \frac{1}{5} \sum_{i=1}^{5} e_i(t) \tag{5-7}$$

$$\varepsilon^2 = \frac{1}{5} \sum_{i=1}^{5} (e_i(t) - \overline{e(t)})^2 \tag{5-8}$$

式（5-7）中，$\overline{e(t)}$ 表示农业信贷担保风险系统中新型农业经营主体管理者道德风险、个人订单情况、个人持续经营年限、盈利情况和反担保方式这 5 个指标的动量均值。所得动量均值的数值表示政府干预冲击农业信贷担保风险的影响程度，动量均值的数值越大，表明政府干预冲击农业信贷担保风险的影响程度越大，而动量均值的数值越小，则表明政府干预冲击农业信贷担保风险的影响程度越小；动量均值的符号表示政府干预冲击农业信贷担保风险的作用方向，动量均值的符号为正，表示政府干预对农业信贷担保风险有正向影响，而动量均值的符号为负，则表示政府干预对农业信贷担保风险有负向影响。

式（5-8）中，ε^2 表示农业信贷担保风险系统中新型农业经营主体管理者道德风险、个人订单情况、个人持续经营年限、盈利情况和反担保方式这 5 个指标的动量方差。所得动量方差的数值表示政府干预冲击农业信贷担保风险各个指标的协调性，所得动量方差的数值越大，表明政府干预冲击农业信贷担保风险各个指标的协调性越差，而所得动量方差的数值越小，则表明政府干预冲击农业信贷担保风险各个指标的协调性越好。

三、模型运算

1. 变化趋势预测

假设政府干预冲击农业信贷担保风险系统的影响将在时段 t＝1 时显现，即：

E(0)＝Q(0)＝[0，0，0，0，1]

将 E(t)、Q(t) 和式（5-2）中的矩阵 A 代入式（5-5）至式（5-8）运算，所得运算结果如表 5-1 和表 5-2 所示。

表 5-1　政府干预冲击农业信贷担保风险系统的动量

\	动量 E(t)						
t	$e_1(t)$	$e_2(t)$	$e_3(t)$	$e_4(t)$	$e_5(t)$	$\bar{e}(t)$	ε^2
0	0	0	0	0	1	0	0
1	−1	−1	0	1	2	0.2	1.36
2	−2	−2	−1	3	5	0.5	8.25

表 5-2　政府干预冲击农业信贷担保风险系统的冲量

\	冲量 Q(t)				
t	$q_1(t)$	$q_2(t)$	$q_3(t)$	$q_4(t)$	$q_5(t)$
0	0	0	0	0	1
1	−1	−1	0	1	1
2	−1	−1	−1	2	4

表 5-1 和表 5-2 显示，政府干预对新型农业经营主体管理者道德风险、个人订单情况和个人持续经营年限产生负向影响，对新型农业经营主体的盈利情况产生正向影响。但是随着政府干预对盈利情况正向影响的加深，对管

理者道德风险、个人订单情况和个人持续经营年限的负向影响逐渐减弱,且正向影响很快超过了政府干预对管理者道德风险、个人订单情况和个人持续经营年限产生的负向影响,进而大幅度提升了新型农业经营主体的盈利能力,农业信贷担保风险全方位地受到政府干预的正面冲击,从而减小了农业信贷担保发生风险概率。

2. 负向影响控制

(1) 单指标控制。政府干预对新型农业经营主体管理者道德风险、个人订单情况和个人持续经营年限产生负向影响,却对新型农业经营主体的盈利情况产生正向影响,所以基于农业信贷担保风险防范视角,应该首先考虑政府干预对新型农业经营主体管理者道德风险、个人订单情况、个人持续经营年限产生的负向影响,以降低外部机制冲击农业信贷担保风险系统所带来的负向影响。为了简便起见,本部分分别令影响因子 $a_{51}=0$ 或 $a_{51}=1$,$a_{52}=0$ 或 $a_{52}=1$,$a_{53}=0$ 或 $a_{53}=1$,同时令关系矩阵 A 中其他影响因子赋值不变,从而得到新的关系矩阵 C,将 E(0)、Q(0) 和新的关系矩阵 C 代入式 (5-5) 至式 (5-8),所得结果如表 5-3、表 5-4 和表 5-5 所示。

(2) 多指标控制。同时控制政府干预对新型农业经营主体管理者道德风险、个人订单情况和个人持续经营年限产生的负向影响,即令影响因子 $a_{51}=a_{52}=a_{53}=0$ 或 1,将 E(0)、Q(0) 和新的关系矩阵 C 代入式 (5-5) 至式 (5-8),所得结果如表 5-6 和表 5-7 所示。

3. 对策建议

将表 5-3、表 5-4、表 5-5 与表 5-6 和表 5-7 进行对比分析可知,通过单指标控制,基于政府干预维度,农业信贷担保风险评价不论是单指标 $e_i(t)$,还是在不同时刻的动量的均值 $\bar{e}(t)$,以及反映政府干预冲击农业信贷担保风险各个指标的协调性指标 ε^2,都优于多指标控制效果。单指标控制相较于多指标控制,可将农业信贷担保风险系统中的不利影响条件转化为有利影响条件,使政府干预机制冲击农业信贷担保风险系统转化为防范农业信贷担保风险的有效措施。但是需要特别注意的是,针对农业信贷担保风险系统中单个指标的控制,并不意味着忽略多管齐下对于农业信贷担保风险的防范效果。因此,本部分遵循单指标控制为主、多管齐下为辅的农业信贷担保风险防范策略的基本思路,提出以下对策建议:

表 5-3 政府干预冲击管理者道德风险负向影响的动量

t	$a_{51}=0$ 时 E(t)值							$a_{51}=1$ 时 E(t)值						
	$e_1(t)$	$e_2(t)$	$e_3(t)$	$e_4(t)$	$e_5(t)$	$\bar{e}(t)$	ε^2	$e_1(t)$	$e_2(t)$	$e_3(t)$	$e_4(t)$	$e_5(t)$	$\bar{e}(t)$	ε^2
0	0	0	0	0	1	0	0	0	0	0	0	1	0	0
1	0	−1	0	0	2	0.2	0.96	1	−1	0	−1	2	0.2	1.36
2	1	−3	−1	−1	4	0	5	2	−4	−1	−3	4	−0.4	9.04

表 5-4 政府干预冲击个人订单情况负向影响的动量

t	$a_{52}=0$ 时 E(t)值							$a_{52}=1$ 时 E(t)值						
	$e_1(t)$	$e_2(t)$	$e_3(t)$	$e_4(t)$	$e_5(t)$	$\bar{e}(t)$	ε^2	$e_1(t)$	$e_2(t)$	$e_3(t)$	$e_4(t)$	$e_5(t)$	$\bar{e}(t)$	ε^2
0	0	0	0	0	1	0	0	0	0	0	0	1	0	0
1	−1	−1	0	1	2	0.4	1.16	1	−1	0	1	2	0.6	1.04
2	−3	1	0	3	3	0.8	4.96	4	−4	−1	3	2	0.8	8.56

表 5-5 政府干预冲击个人持续经营年限负向影响的动量

t	$a_{53}=0$ 时 E(t)值							$a_{53}=1$ 时 E(t)值						
	$e_1(t)$	$e_2(t)$	$e_3(t)$	$e_4(t)$	$e_5(t)$	$\bar{e}(t)$	ε^2	$e_1(t)$	$e_2(t)$	$e_3(t)$	$e_4(t)$	$e_5(t)$	$\bar{e}(t)$	ε^2
0	0	0	0	0	1	0	0	0	0	0	0	1	0	0
1	−1	−1	0	1	2	0.2	1.36	1	−1	1	1	2	0.8	0.96
2	−2	−2	−1	3	5	0.5	8.25	5	−4	3	4	3	2.2	10.16

表 5-6　全面控制政府干预冲击农业信贷担保风险负向影响的动量

$a_{51}=a_{52}=a_{53}=0$ 时 $E_1(t)$ 值

t	$e_1(t)$	$e_2(t)$	$e_3(t)$	$e_4(t)$	$e_5(t)$	$\overline{e}(t)$	ε^2
0	0	0	0	0	1	0	0
1	0	0	0	1	2	0.6	0.64
2	0	0	0	2	1	0.6	0.64

表 5-7　全面控制政府干预冲击农业信贷担保风险负向影响的动量

$a_{51}=a_{52}=a_{53}=1$ 时 $E_2(t)$ 值

t	$e_1(t)$	$e_2(t)$	$e_3(t)$	$e_4(t)$	$e_5(t)$	$\overline{e}(t)$	ε^2
0	0	0	0	0	1	0	0
1	1	1	1	1	2	1.5	1.25
2	2	3	4	3	0	2.4	1.84

第一，完善农村征信体系，降低新型农业经营主体管理者道德风险。地方政府部门应该成立专业的农村征信机构，对新型农业经营主体信用水平进行评估、检测和有效管理。同时，地方政府部门应给予农村征信机构一定的税收减免和财政补贴奖补政策，帮助征信公司迅速成长、发展。农村征信机构应采取关系契约与农业信贷担保机构建立战略合作关系，并且农业信贷担保机构为农村征信机构提供的服务支付一定酬劳。此外，农业信贷担保机构需要建立自己的信用信息系统，建立自己的失信客户"黑名单"。农业信贷担保机构在充分利用农产品生产企业信用信息系统的基础上，将列入市场失信主体的新型农业经营主体拉入失信客户"黑名单"，并对拉入失信客户"黑名单"的新型农业经营主体在申请农业信贷担保授信额度时，采取降低担保授信额度或不予提供担保授信的风险防范机制，通过外部机制的监管以达到降低新型农业经营主体管理者道德风险的目的。

第二，利用政府信用优势，引导新型农业经营主体营销模式向现代化、专业化发展。农业信贷担保机构应充分发挥政策性属性，秉持服务新型农业经营主体的宗旨，充分利用电商平台、线上线下融合"互联网+"等新兴手段。同时，合理利用农业信贷担保体系的政府信用优势，向相关农产品博览会、农贸会、展销会等渠道积极推荐受保新型农业经营主体的农产品，帮助授信新型农业经营主体做好品牌市场营销,打开销路,提升农产品利润,从而达到最终降低农业信贷担保风险的目的。

四、小结

本部分的研究结论表明,政府干预对新型农业经营主体管理者道德风险、个人订单情况和个人持续经营年限产生负向影响,对新型农业经营主体的盈利情况产生正向影响。但是随着政府干预对盈利情况正向影响的加深,对管理者道德风险、个人订单情况和个人持续经营年限的负向影响逐渐减弱,且正向影响很快超过了政府干预对管理者道德风险、个人订单情况和个人持续经营年限产生的负向影响,进而大幅度提升了新型农业经营主体的盈利能力。采取完善农村征信体系和利用政府信用优势,引导新型农业经营主体营销模式向现代化、专业化发展,可以将政府干预冲击农业信贷担保风险系统中的各个指标所带来的负向影响降到最低程度,使政府干预机制由农业信贷担保可能发生风险的诱因转化为向新型农业经营主体提供获得银行信贷支持的机遇和动力。为此,相关部门应建立以降低新型农业经营主体管理者道德风险和引导新型农业经营主体营销模式向现代化、专业化发展为重点,提升新型农业经营主体收入水平为辅助,多措并举的农业信贷担保风险防范体系。同时,有效控制政府干预机制对农业信贷担保风险系统中的各个指标产生负向影响,从而在减小农业信贷担保风险全方位地受到政府干预的正面冲击的同时,达到提升农业信贷担保覆盖面和普惠性的目的。

第二节 基于关系契约视角的农业信贷担保风险评价

农业信贷担保机构评价可能出现的农业信贷担保风险是农业信贷担保风险管理中一个十分重要的环节。传统上的农业信贷担保风险评价的主要任务是在农业信贷担保风险识别的基础上,将识别出来的农业信贷担保风险影响因素视为一个完整的风险系统,对系统内部的影响因素做量化和排序处理,而忽视了外部机制对农业信贷担保风险系统的冲击。因此，选取恰当的评价外部机制对农业信贷担保风险系统影响的方法，是农业信贷担保风险评价不可或缺的风险管理流程。但是，在实践中，不能准确评价农业信贷担保风险是新型农业经营主体"融资难"和"融资贵"等的主因（李延敏、穆庆贺，2017）。因此，准确评价农业信贷担保风险可以有效保证后续实施的农业信贷担保风险处理有的放矢。

根据以上分析思路，本节在农业产业链中的关系契约视角的农业信贷担保风险识别的基础上，对农业信贷担保风险进行评价。本节分为以下四个部分：一是提出研究前提；二是进行模型构建，以达到量化和排序农业产业链中的关系契约冲击农业信贷担保风险系统的各个指标的目的；三是采用冲量模型实证检验农业产业链中的关系契约机制冲击下新型农业经营主体的履约稳定性；四是对本部分进行小结。

一、研究前提

农业信贷担保体系在建立之初，由于农业生产经营特点、农业金融市场普遍存在的信息不对称导致的逆向选择和道德风险、金融监管范围难以覆盖非正规金融市场以及新型农业经营主体缺乏有效的抵押担保品等问题，使新型农业经营主体难以获得有效的资金支持，我国决策层为了解决新型农业经营主体"融资难"和"融资贵"等问题，将银行利率和农业信贷担保费率之和设定为8%，同时，提供多种形式的反担保方式，以扩大农业信贷担保的覆盖面和普惠性，在降低授信标准的同时加大了农业信贷担保风险发生的概率，这不利于农业信贷担保机构的可持续性和良性发展。因此，我国决策层在兼顾农业信贷担保"政策性"和"可持续性"的情况下，设计了针对新型农业经营主体依托农业产业链所形成关系契约的风险防范机制。现有文献对农业信贷担保风险评价的研究都是基于农业信贷风险系统的内部因素对农业信贷担保风险的影响，鲜有研究评价外部机制冲击对农业信贷担保风险的影响。

由于冲量过程模型的基本分析思路是基于新型农业经营主体生产经营稳定性视角观察外部机制对农业信贷担保风险系统的冲击，加之农业信贷担保具有可持续性属性以保证农业信贷担保机构的可持续运营，农业信贷担保机构对风险评价的要求是新型农业经营主体生产经营的可持续性应趋向于稳定，所以，在稳定性的基础上保证农业信贷担保机构的可持续性是农业信贷担保风险评价的核心。因此，本部分选用冲量模型对农业信贷担保风险进行评价。

本部分根据冲量模型特点和新型农业经营主体特征，提出如下五条研究前提：

研究前提1：在数据调研期间，新型农业经营主体所处的国家或地方宏观经济政策、市场经济环境、农业技术和法律法规等外部机制未发生变化。同时，在新型农业经营主体依托农业产业链所形成的关系契约风险防范机制中，新型农业经营主体所受到的外部冲击主要表现形式为：由于农业产业链中的上下游生产经营主体与新型农业经营主体缔结关系契约的不完全性，新型农业经营主体总是会选择最大化自己效用水平的行为，即生产经营主体不可能采用与新型农业经营主体缔结强制惩罚关系契约以约束新型农业经营主体行为选择，而只能通过缔结利益分配契约以全部或部分保障新型农业经营主体利益，从而激励新型农业经营主体选择生产经营主体希望的行为。

研究前提2：在数据调研期间，新型农业经营主体管理者资质、管理者财务情况和非财务情况等生产经营情况不发生显著变化。

研究前提3：在新型农业经营主体依托农业产业链所形成的关系契约风险防范机制中，新型农业经营主体受到外部冲击引起的农业信贷担保风险表现为生产经营主体未通过缔结利益分配契约保障新型农业经营主体的全部或部分利益，从而引起的新型农业经营主体的所有违约行为。

研究前提4：在新型农业经营主体依托农业产业链所形成的关系契约风险防范机制中，在新型农业经营主体面对外部冲击时，新型农业经营主体的稳定性会随着外部冲击强度发生改变，当新型农业经营主体面临的外部机制冲击超过新型农业经营主体依托农业产业链所形成关系契约的风险防范机制所能承受的临界值时，新型农业经营主体出现不稳定状态，从而造成农业信贷担保风险。

研究前提5：新型农业经营主体稳定性越强，农业信贷担保风险发生概率越小；新型农业经营主体稳定性越弱，农业信贷担保风险发生概率越大。

二、模型构建

在前文基于农业产业链中的关系契约维度的农业信贷担保风险识别中，

通过使用 IV-Probit 模型,对 L 省农业信贷担保体系 2017 年 7 月至 2019 年 12 月所授信的 510 户新型农业经营主体所产生的真实数据进行实证检验,识别出新型农业经营主体管理者风险态度、个人持续经营年限、盈利情况、资产负债率、销售毛利率和农业产业链中的关系契约这 6 个指标对农业信贷担保风险具有显著影响。因此,本部分使用新型农业经营主体管理者风险态度、个人持续经营年限、盈利情况、资产负债率、销售毛利率和农业产业链中的关系契约这 6 个指标共同组成农业信贷担保风险的六因素封闭系统。同时,使用 y_1、y_2、y_3、y_4、y_5 和 y_6 分别表示新型农业经营主体管理者风险态度、个人持续经营年限、盈利情况、资产负债率、销售毛利率和农业产业链中的关系契约这些外部冲击因素。

在农业信贷担保风险封闭系统中,使用 $g_i(t)$ 表示系统内因素 g_i 在 t 时刻的动量,使用 g_{ij} 表示影响因素 g_i 在下一个时刻对因素 g_j 的影响因子($i, j = 1, 2, 3, 4, 5, 6$),设定农业信贷担保风险系统内的各个影响因素之间的作用关系和方向的关系式为:

$$g_{ij} = \begin{cases} 1, & g_i \text{ 在下一时刻对 } g_j \text{ 有正向影响} \\ 0, & g_i \text{ 在下一时刻对 } g_j \text{ 无影响} \\ -1, & g_i \text{ 在下一时刻对 } g_j \text{ 有负向影响} \end{cases} \quad (5-9)$$

使用 SPSS25.0 软件对 510 户新型农业经营主体所产生的数据进行回归分析,得到农业信贷担保风险系统内新型农业经营主体管理者风险态度、个人持续经营年限、盈利情况、资产负债率、销售毛利率和农业产业链中的关系契约这 6 个指标之间相互影响的关系矩阵为:

$$B = (g_{ij})_{6 \times 6} = \begin{bmatrix} b_{11} & b_{12} & b_{13} & b_{14} & b_{15} & b_{16} \\ b_{21} & b_{22} & b_{23} & b_{24} & b_{25} & b_{26} \\ b_{31} & b_{32} & b_{33} & b_{34} & b_{35} & b_{36} \\ b_{41} & b_{42} & b_{43} & b_{44} & b_{45} & b_{46} \\ b_{51} & b_{52} & b_{53} & b_{54} & b_{55} & b_{56} \\ b_{61} & b_{62} & b_{63} & b_{64} & b_{65} & b_{66} \end{bmatrix} = \begin{bmatrix} 1 & -1 & 1 & 0 & 0 & 0 \\ -1 & 1 & 0 & 0 & 0 & 1 \\ 1 & 0 & 1 & 0 & 1 & 0 \\ 0 & 0 & 0 & 1 & 0 & 0 \\ 0 & 0 & 1 & 0 & 1 & -1 \\ 0 & 1 & 0 & 0 & -1 & 1 \end{bmatrix}$$

$$(5-10)$$

使用 $k_i(t)$ 表示因素 g_i 从 t-1 到 t 时段的冲量,其中,$k_i(0)$ 表示农业产业链中的关系契约在 t=0 时对因素 g_i 的一个冲量。

$$k_j(t+1) = \sum_{i=1}^{6} b_{ij} k_i(t) \tag{5-11}$$

其中，j=1, 2, 3, 4, 5；t=0, 1, 2。

$$g_i(t+1) = g_i(t) + k_i(t+1) \tag{5-12}$$

其中，i=1, 2, 3, 4, 5；t=0, 1, 2。

令

$G(t) = [g_1(t), g_2(t), g_3(t), g_4(t), g_5(t), g_6(t)]$

$K(t) = [k_1(t), k_2(t), k_3(t), k_4(t), k_5(t), k_6(t)]$

有

$$G(t+1) = G(t)B \tag{5-13}$$

$$K(t+1) = K(t)B \tag{5-14}$$

其中，t=0, 1, 2。将 G(0) 和 K(0) 代入式（5-9）至式（5-14），可计算出农业信贷担保风险系统在任意时段 t 的动量 G(t) 和 t 到 t+1 时段的冲量 K(t+1)，从而检验农业产业链中的关系契约冲击农业信贷担保风险的变化趋势。

根据协同效应理论，本部分假设新型农业经营主体管理者风险态度、个人持续经营年限、盈利情况、资产负债率、销售毛利率和农业产业链中的关系契约这 6 个指标在评价农业信贷担保风险中的重要性相同，各个指标在不同时刻的动量的均值和方差可以有效反映农业产业链中的关系契约冲击农业信贷担保风险的变化趋势和协调性，即：

$$\bar{g}(t) = \frac{1}{6} \sum_{i=1}^{6} g_i(t) \tag{5-15}$$

$$\varepsilon^2 = \frac{1}{6} \sum_{i=1}^{6} (g_i(t) - \bar{g}(t))^2 \tag{5-16}$$

式（5-15）中，$\bar{g}(t)$ 表示农业信贷担保风险系统中新型农业经营主体管理者风险态度、个人持续经营年限、盈利情况、资产负债率、销售毛利率和农业产业链中的关系契约这 6 个指标的动量均值。所得动量均值的数值表示农业产业链中的关系契约冲击农业信贷担保风险的影响程度，动量均值的数值越大表明农业产业链中的关系契约冲击农业信贷担保风险的影响程度越大，而动量均值的数值越小表明农业产业链中的关系契约冲击农业信贷担保风险的影响程度越小；动量均值的符号表示农业产业链中的关系契约冲击农业信贷担保风险的作用方向，动量均值的符号为正表示农业产业链中的关系契约对农业信贷担保风险有正向影响，而动量均值的符号为负表示农业产业链中的关系契约对农业信贷担保风险有负向影响。

式（5-16）中，ε^2 表示农业信贷担保风险系统中新型农业经营主体管理者风险态度、个人持续经营年限、盈利情况、资产负债率、销售毛利率和农业产业链中的关系契约这 6 个指标的动量方差。所得动量方差的数值表示农业产业链中的关系契约冲击农业信贷担保风险各个指标的协调性，所得动量方差的数值越大表明农业产业链中的关系契约冲击农业信贷担保风险各个指标的协调性越差，而所得动量方差的数值越小表明农业产业链中的关系契约冲击农业信贷担保风险各个指标的协调性越好。

三、模型运算

1. 变化趋势预测

假设农业产业链中的关系契约冲击农业信贷担保风险系统的影响将在时段 t=1 时显现，即：

G(0)=K(0)=[0, 0, 0, 0, 0, 0, 1]

将 G(t)、K(t) 和式（5-10）中的矩阵 B 代入式（5-13）至式（5-16）运算，所得运算结果如表 5-8 和表 5-9 所示。

表 5-8 农业产业链中的关系契约冲击农业信贷担保风险系统的动量

t	$g_1(t)$	$g_2(t)$	$g_3(t)$	$g_4(t)$	$g_5(t)$	$g_6(t)$	$\bar{g}(t)$	ε^2
0	0	0	0	0	0	1	0	0
1	0	1	0	0	-1	2	0.33	0.889
2	-1	3	1	0	-3	4	0.66	5.889

表 5-9 农业产业链中的关系契约冲击农业信贷担保风险系统的冲量

t	$k_1(t)$	$k_2(t)$	$k_3(t)$	$k_4(t)$	$k_5(t)$	$k_6(t)$
0	0	0	0	0	0	1

续表

			冲量 K(t)				
1	0	1	0	0	-1	1	
2	-1	2	1	0	-2	3	

表5-8和表5-9显示，农业产业链中的关系契约对新型农业经营主体管理者风险态度、销售毛利率产生负向影响，对个人持续经营年限和盈利情况产生正向影响，对资产负债率不产生影响。但是随着农业产业链中的关系契约对个人持续经营年限和盈利情况正向影响的加深，对新型农业经营主体管理者风险态度、销售毛利率的负向影响逐渐减弱，且正向影响很快超过了农业产业链中的关系契约对新型农业经营主体管理者风险态度、销售毛利率的负向影响，进而大幅度提升了新型农业经营主体的生产经营意愿和盈利能力，农业信贷担保风险全方位地受到农业产业链中的关系契约的正面冲击，从而减小了农业信贷担保发生风险概率。

2. 负向影响控制

（1）单指标控制。农业产业链中的关系契约对新型农业经营主体管理者风险态度、销售毛利率产生负向影响，却对个人持续经营年限和盈利情况产生正向影响，对资产负债率不产生影响，所以基于农业信贷担保风险防范视角，应该首先考虑农业产业链中的关系契约对新型农业经营主体管理者风险态度、销售毛利率产生的负向影响，以降低外部机制冲击农业信贷担保风险系统所带来的负向影响。为了简便起见，本部分分别令影响因子 $b_{61}=0$ 或 $b_{61}=1$，$b_{65}=0$ 或 $b_{65}=1$，关系矩阵B中其他影响因子赋值不变得到新的关系矩阵D，将G(0)、K(0)和新的关系矩阵D代入式（5-13）至式（5-16），所得结果如表5-10~表5-13所示。

表5-10 农业产业链中的关系契约冲击风险态度负向影响的动量 $G_1(t)$

				$b_{61}=0$ 时 $G_1(t)$ 值				
t	$g_1(t)$	$g_2(t)$	$g_3(t)$	$g_4(t)$	$g_5(t)$	$g_6(t)$	$\bar{g}(t)$	ε^2
0	0	0	0	0	0	1	0	0
1	0	1	0	0	-1	2	0.33	0.889

续表

	$b_{61}=0$ 时 $G_1(t)$ 值
2	-1	3	1	0	-3	4	0.66	5.889

表 5-11 农业产业链中的关系契约冲击风险态度负向影响的动量 $G_2(t)$

	$b_{61}=1$ 时 $G_2(t)$ 值
t	$g_1(t)$	$g_2(t)$	$g_3(t)$	$g_4(t)$	$g_5(t)$	$g_6(t)$	$\bar{g}(t)$	ε^2
0	0	0	0	0	0	1	0	0
1	0	1	0	0	-1	2	0.33	0.889
2	-1	3	-1	0	-3	5	0.5	6.417

表 5-12 农业产业链中的关系契约冲击销售毛利率负向影响的动量 $G_1(t)$

	$b_{65}=0$ 时 $G_1(t)$ 值
t	$g_1(t)$	$g_2(t)$	$g_3(t)$	$g_4(t)$	$g_5(t)$	$g_6(t)$	$\bar{g}(t)$	ε^2
0	0	0	0	0	0	1	0	0
1	0	1	0	0	0	2	0.5	0.583
2	-1	3	0	0	0	4	1	3.333

表 5-13 农业产业链中的关系契约冲击销售毛利率负向影响的动量 $G_2(t)$

	$b_{65}=1$ 时 $G_2(t)$ 值
t	$g_1(t)$	$g_2(t)$	$g_3(t)$	$g_4(t)$	$g_5(t)$	$g_6(t)$	$\bar{g}(t)$	ε^2
0	0	0	0	0	0	1	0	0
1	0	1	0	0	1	2	0.667	0.556
2	-1	3	1	0	3	2	1.333	2.211

（2）多指标控制。同时控制农业产业链中的关系契约对新型农业经营主体管理者风险态度、销售毛利率产生的负向影响，令影响因子 $b_{61}=b_{65}=0$ 或 1，将 G(0)、K(0) 和新的关系矩阵 D 代入式（5-13）至式（5-16），所得结果如表 5-14 和表 5-15 所示。

表 5-14　全面控制农业产业链中的关系契约冲击农业信贷担保风险
负向影响的动量 G_1（t）

| \multicolumn{9}{c}{$b_{61}=b_{65}=0$ 时 $G_1(t)$ 值} |
t	$g_1(t)$	$g_2(t)$	$g_3(t)$	$g_4(t)$	$g_5(t)$	$g_6(t)$	$\bar{g}(t)$	ε^2
0	0	0	0	0	0	1	0	0
1	0	1	0	0	0	2	0.5	0.583
2	−1	3	0	0	0	4	1	3.333

表 5-15　全面控制农业产业链中的关系契约冲击农业信贷担保风险
负向影响的动量 G_2（t）

| \multicolumn{9}{c}{$b_{61}=b_{65}=1$ 时 $G_2(t)$ 值} |
t	$g_1(t)$	$g_2(t)$	$g_3(t)$	$g_4(t)$	$g_5(t)$	$g_6(t)$	$\bar{g}(t)$	ε^2
0	0	0	0	0	0	1	0	0
1	1	1	0	0	1	2	0.833	0.592
2	2	2	2	0	3	3	4	5

3. 对策建议

将表 5-10~表 5-15 进行对比分析可知，通过单指标控制，基于农业产业链中的关系契约，农业信贷担保风险评价不论是单指标 g_i（t），还是在不同时刻的动量的均值 $\bar{g}$（t），以及反映农业产业链中的关系契约冲击农业信贷担保风险各个指标的协调性指标 ε^2，都与多指标控制效果差别不大。多指标控制为主、单指标控制为辅，可将农业信贷担保风险系统中的不利影响条件转化为有利影响条件，使农业产业链中的关系契约机制冲击农业信贷担保风险系统转化为防范农业信贷担保风险的有效措施。但需要特别注意的是，针对农业信贷担保风险系统中单个指标和多个指标双管齐下的控制，并不意味着忽略单指标控制和多指标控制分别对于农业信贷担保风险的防范效果。因此，本部分在遵循多指标控制为主、单指标控制为辅的农业信贷担保风险防范策略基本思路的前提条件下，提出以下两方面的对策建议：

第一，新型农业经营主体管理者的风险态度方面。一是我国决策层应转变思路，在构建农业信贷担保体系，撬动金融资本投入"三农"领域，解决新型农业经营主体"融资难""融资贵"难题的同时，应该同样重视为新型农业经营主体管理者提供更多市场经济形势和管理知识的获取渠道，以调整新型农业经营主体管理者风险态度。如果新型农业经营主体管理者因为缺乏分析农产品市场经济形势和科学管理等技能而不能依据所在农产品市场经济形势和自身经营状况调整未来农业生产经营决策行为，那么会对新型农业经营主体生存与发展带来不利影响。二是政府应构建信息获取渠道等外部公共服务网络。例如，利用各种形式（宣传册、电视、互联网与讲座等）提高新型农业经营主体管理者对所在农产品市场未来 3～5 年发展方向的认识程度，以规避新型农业经营主体管理者因缺乏分析农产品市场经济形势和科学管理等技能而做出风险过高的生产经营决策行为。但是，需要注意的是，提升新型农业经营主体管理者分析农产品市场经济形势和科学管理等技能要层次明晰，针对受教育程度较低的新型农业经营主体管理者，要注重讲授农产品市场方面的基础知识，而对教育程度较高的新型农业经营主体管理者，要注重讲授农产品市场经济形势分析方法和未来生产经营项目规划等较深层次的知识。三是政府出资建立农产品市场信息交流平台，在宣传、解读政府支持新型农业经营主体发展的各项优惠政策的基础上，增加新型农业经营主体管理者之间的交流机会，以提高新型农业经营主体管理者对农产品市场经济形势的认识程度。

第二，新型农业经营主体管理者的销售毛利率方面。一是农业信贷担保体系应当重点支持农业产业化。在为农业产业转型升级提供信农业金融资本支持的同时，引导新型农业经营主体生产经营方式向规模化、高效化和专业化方向发展，扶持农业产业链的分工协作，激活农业经济和产业发展的内生动能。同时，农业信贷担保机构应重点满足农业产业化过程中新型农业经营主体的信贷需求。二是建立农业产业分化发展与新型农业经营主体发展的协调管理机制。地方政府、农业信贷担保机构与新型农业经营主体之间需要积极配合。地方政府发挥引领作用，帮助新型农业经营主体依靠资源禀赋优势打造自身农业品牌，并激励新型农业经营主体带动小农户进行农业生产经营。新型农业经营主体依靠产业优势，带动上下游产业链创造更多规模化的价值，使农业信贷担保金融供给多元化。三是农业信贷担保机构应增强风险防范能力,以新型农业经营主体管理者风险态度为依据,帮助新型农业经营主体建立长期稳定的关系契约,以降低新型农业经营主体生产经营风险,同时提高农业产业链中新型农业经营主体的融资可得性。农业信贷担保机构要充分发挥主观能动性,围绕农业产业链创新面向不同层次担保对象的农业信贷担保产品开拓新型农业经营主体投融资渠道,为农业产业化提供充足的信贷担保支持。

四、小结

本部分的研究结论表明,农业产业链中的关系契约对新型农业经营主体管理者风险态度、销售毛利率产生负向影响,却对个人持续经营年限和盈利情况产生正向影响,对资产负债率不产生影响。但是随着农业产业链中的关系契约对盈利情况和个人持续经营年限正向影响的加深,对新型农业经营主体管理者风险态度、销售毛利率的负向影响逐渐减弱,且正向影响很快超过了农业产业链中的关系契约对新型农业经营主体管理者风险态度、销售毛利率产生的负向影响,进而大幅度提升了新型农业经营主体的财富创造能力。除了采取提升新型农业经营主体管理者分析农产品市场经济形势和科学管理等技能的措施,农业信贷担保体系还应当重点支持农业产业化。在为农业产业转型升级提供信贷支持的同时,引导新型农业经营主体生产经营方式向规模化、高效化和专业化方向发展,这样可以将农业产业链中的关系契约冲击农业信贷担保风险系统中的各个指标所带来的负向影响降低到最低程度,同时使农业产业链中的关系契约机制由导致农业信贷担保可能发生风险的诱因转化为打破银行针对新型农业经营主体的"农业信贷配给"壁垒的潜在动能。这才是解决新型农业经营主体"融资难"和"融资贵"难题的有效措施。为此,相关部门应建立多指标控制为主、单指标控制为辅的农业信贷担保风险防范体系,在加强调整新型农业经营主体管理者风险态度力度的同时,应积极提升新型农业经营主体销售毛利,以控制农业产业链中的关系契约机制对农业信贷担保风险系统中的各个指标产生的负向影响,从而在减少农业信贷担保风险受到农业产业链中的关系契约全方位的正面冲击的同时,最终达到降低农业信贷担保风险发生概率的目的。

第六章 农业信贷担保风险处理

农业信贷担保体系不仅含有助推乡村产业振兴和农业现代化等服务农业的政策性属性，而且含有实行关系契约、独立运营等可持续性的目的（刘志荣，2016；范亚莉等，2018）。因此，针对农业信贷担保机构具有"政策性"与"可持续性"的双重属性，基于政府干预和关系契约的研究视角，分析农业信贷担保风险处理成为农业信贷担保机构良性发展的关键所在。本章分为以下三个部分：一是基于基础模型构建、政府干预和关系契约三个维度分别分析农业信贷担保体系中农业信贷担保机构、银行和新型农业经营主体等各个参与主体的博弈过程；二是通过使用不完全信息动态博弈模型和调研所获得的数据，对农业信贷担保机构、银行和新型农业经营主体等各个参与主体的不完全信息动态博弈过程进行数据模拟，找出各个参与主体风险最小化的动态平衡点；三是对本章进行总结，并提出相关结论。

第一节 博弈均衡分析：基础模型

本节借鉴范亚莉等（2018）和许黎莉等（2019）学者的不完全信息动态博弈模型，在不完全信息条件下，分析农业信贷担保机构、银行和新型农业经营主体三者在农业信贷担保体系运营中的动态博弈过程，从而研究农业信贷担保风险的最佳处理策略。基于全面性原则，本部分在选用不完全信息动态博弈模型参与主体的过程中，同时考虑了农业信贷担保机构、银行等金融机构和新型农业经营主体三者之间决策的博弈行为对农业信贷担保风险的影响。

一、研究前提

农业信贷担保体系风险防范运作流程的参与主体为农业信贷担保机构、新型农业经营主体和银行等金融机构，其风险防范运作流程为"新型农业经营主体申请贷款—银行对新型农业经营主体申贷项目进行风险识别—农业信贷担保机构业务人员对新型农业经营主体管理者资质进行现场调查—风险防控部门对项目进行复审—组织相关领域专家对项目风险进行终审—新型农业经营主体获得授信额度、降低授信额度或不给予授信"。为防范农业信贷担保风险，农业信贷担保机构、银行和新型农业经营主体三者需要相互协作，共同努力。然而，要考虑以下两点：一是农业信贷担保体系的政策性，即为了满足新型农业经营主体需要通过外部融资获得资金支持的需求，在政府干预（设将银行利率和担保费率之和设定为8%）下，银行等金融机构不能通过调整利率增加自己的期望收益，从而消除了部分信贷配给问题。二是农业信贷担保体系的"可持续性"，即在信息非对称情况下，由于新型农业经营主体居于农业产业链核心地位（许黎莉、陈东平，2019），因此在农业产业链中的新型农业经营主体是具有信息优势的一方。同时，由于农业产业链中关系契约的不完全性，新型农业经营主体行为选择总是最大化自己的期望效用，通过缔结利益分配契约全部或部分保障新型农业经营主体利益，在一定程度上提升了新型农业经营主体的还贷能力，从而降低了农业信贷担保风险。为了分析不完全信息条件下农业信贷担保风险处理的最优策略，本部分构建了不完全信息动态博弈模型，并提出以下四点前提：

研究前提1：博弈三方分别是农业信贷担保机构、银行和新型农业经营主体，三者均以实现风险最小化和利益最大化为目的。同时，本部分假定农业信贷担保机构、银行和新型农业经营主体三者之间为非合作性博弈，即不存在合谋现象。

研究前提2：农业信贷担保体系中的三方博弈是一个动态过程，农业信贷担保机构、银行和新型农业经营主体的决策行为有先后之分，先行动者知道自己的决策并进行行动，后行动者不知道先行动者的决策，但是可以从先行者的行为中观察和获得与自身生产经营相关的信息，继而对自身的决策进行修正，最后依据自身的决策进行生产经营活动。本部分假定在各个阶段中，新型农业经营主体先进行决策行为，继而银行根据对新型农业经营主体的生产经营行为的分析结果进行决策，最后农业信贷担保机构依据对新型农业经营主体生产经营行为和银行经营行为的分析结果进行决策，并且各个阶段的动态博弈活动会无限次循环下去。在实践中，新型农业经营主体往往为了获得可持续和利率较低的外部资金支持，更倾向于和银行、农业信贷担保机构进行长期和多次的合作。同时，新型农业经营主体一旦选择违约，会付出无法再次从农业信贷担保体系这一渠道获得资金支持的代价，因此，无限次循环博弈相较于单次博弈更加切合实际。

研究前提3：假定农业信贷担保机构和银行均采取"冷酷策略"，即新型农业经营主体向银行申请信用贷款业务，银行向农业信贷担保机构推荐，农业信贷担保机构向新型农业经营主体授信担保额度，新型农业经营主体选择履约，那么农业信贷担保机构会继续向新型农业经营主体授信，银行为新型农业经营主体持续提供信贷支持，即信贷—担保—履约的决策会无限循环下去，而新型农业经营主体选择违约或推迟还款，则农业信贷担保机构将采取对该新型农业经营主体拒绝提供授信额度或降低对该新型农业经营主体授信额度的惩罚措施，农业信贷担保体系中的三方博弈随即终止。

研究前提4：农业信贷担保体系中的农业信贷担保机构、银行和新型农业经营主体三方，两两之间存在信息不对称现象。因为新型农业经营主体管理者对自身的生产经营资质、财务情况和非财务情况十分了解，所以在三方博弈中，新型农业经营主体具有信息优势。同时，由于信息不对称现象在金融交易的全过程中是客观存在的，银行往往通过采取信贷配给的措施防范信贷风险（Baltensperger，1998；顾海峰，2013）。在政府干预下，虽然消除了部分农业信贷配给问题，但是政府引入农业信贷担保机构的金融担保机制并未从根本上消除信息不对称的现象（顾海峰，2010），只是将新型农业经营主体和银行由于逆向选择和道德风险引发的信用风险转嫁给了农业信贷担保机构，因此，农业信贷担保机构在农业信贷担保体系中的三方博弈中，仍然处于弱势地位。

二、模型构建

1. 变量设置

假定新型农业经营主体申请贷款金额为 I，农业生产经营项目成功时的收益为 R（R>0），失败时的收益为 0，成功概率为 P（R），平均期望收益为 T，农业信贷担保机构的担保费率为 r_1，银行的贷款利率为 r_2，其中 I∈[100000，3000000]，$r_1+r_2=0.08$，银行与农业信贷担保机构的风险分担比例为 $A_1：A_2$。

2. 单阶段不同博弈决策的利润

（1）农业信贷担保机构授信，银行放贷，新型农业经营主体履约。在这一阶段博弈过程中，新型农业经营主体需要还本付息且支付担保费用，所以新型农业经营主体的利润 $P_1=Y=P×R-I(1+r_1+r_2)+(1-P)×0=P×R-I(1+r_1+r_2)$。同理，银行的利润 $P_2=I×r_2$；农业信贷担保机构的利润 $P_3=I×r_1$。

（2）农业信贷担保机构授信，银行放贷，新型农业经营主体违约。遵照本篇对新型农业经营主体违约的定义，新型农业经营主体推迟还款、欠息、无能力或者拒绝归还银行等金融机构贷款行为视为违约。那么，在这一阶段博弈过程中，可分为如下三种情况：第一，新型农业经营主体推迟还款，新型农业经营主体的利润 $P_1=P×R-I(1+r_1+r_2)+(1-P)×0=P×R-I(1+r_1+r_2)$，银行的利润 $P_2=I×r_2$，农业信贷担保机构的利润 $P_3=I×r_1$。第二，新型农业经营主体还本欠息，新型农业经营主体的利润 $P_1=P×R-I(1+r_1)+(1-P)×0=P×R-I(1+r_1)$，银行的利润 $P_2=I×r_2×\frac{A_2}{A_1+A_2}$，农业信贷担保机构的利润 $P_3=-r_2I×\frac{A_2}{A_1+A_2}$。第三，新型农业经营主体无能力或者拒绝归还贷款，新型农业经营主体的利润 $P_1=P×R+(1-P)×0=P×R$，银行的利润 $P_2=-I×(1+r_2)×\frac{A_1}{A_1+A_2}$，农业信贷担保机构的利润 $P_3=-I(1+r_2)×\frac{A_2}{A_1+A_2}$。

（3）农业信贷担保机构不给予授信额度，银行拒绝放款。在这一阶段博弈过程中，无论新型农业经营主体做出何种决策，农业信贷担保机构、银行和新型农业经营主体的利润均为 0。

3. "冷酷策略"下无限次循环博弈决策的利润

(1) 农业信贷担保机构授信,银行放贷,新型农业经营主体履约。在这个阶段博弈过程中,新型农业经营主体选择还本付息且支付担保费用,即正常履约。那么,农业信贷担保机构、银行和新型农业经营主体的利润分别为 (P_{11}, P_{21}, P_1),(P_{12}, P_{22}, P_2),(P_{13}, P_{23}, P_3),…,(P_{1n}, P_{2n}, P_n)。在无限次循环博弈决策的情形下,农业信贷担保机构、银行和新型农业经营主体的利润分别为 $P_n = n \times [P \times R - I(1+r_1+r_2)]$,银行的利润为 $P_{2n} = n \times I \times r_2$,农业信贷担保机构的利润 P_{1n} 为 $P_{1n} = n \times I \times r_1$。

(2) 农业信贷担保机构授信,银行放贷,新型农业经营主体违约。由于农业信贷担保机构和银行执行"冷酷策略",即新型农业经营主体选择违约,则农业信贷担保机构拒绝向该新型农业经营主体提供授信,同时银行不再对该新型农业经营主体放贷。农业信贷担保机构、银行和新型农业经营主体的利润分别为 (P_{11}, P_{21}, P_1),(P_{12}, P_{22}, P_2),(P_{13}, P_{23}, P_3),…,(P_{1n}, P_{2n}, P_n),$(0, 0, 0)(n \geq 2)$。依据本篇对新型农业经营主体违约的定义,那么在无限次循环博弈决策过程中,可分为如下三种情况:第一,新型农业经营主体推迟还款,新型农业经营主体的利润 $P_n = n[P \times R - I(1+r_1+r_2) + (1-P) \times 0] = n[P \times R - I(1+r_1+r_2)]$,银行的利润 $P_{2n} = nI \times r_2$,农业信贷担保机构的利润 $P_1 = nI \times r_1$。第二,新型农业经营主体还本欠息,新型农业经营主体的利润 $P_n = nPR - I(n-1)(1+r_1+r_2) - I$,银行的利润为 $P_{2n} = (n-1)I \times r_2 + I \times r_2 \dfrac{A_2}{A_1+A_2}$,农业信贷担保机构的利润 $P_{1n} = -r_2 I \times \dfrac{A_2}{A_1+A_2} + (n-1)Ir_1$。第三,新型农业经营主体无能力或者拒绝归还贷款,新型农业经营主体的利润 $P_n = P \times R + (1-P) \times 0 = nP \times R$,银行的利润 $P_{2n} = (n-1)Ir_2 - I \times (1+r_2) \times \dfrac{A_1}{A_1+A_2}$,农业信贷担保机构的利润 $P_{1n} = -I(1+r_2) \times \dfrac{A_2}{A_1+A_2} + (n-1)Ir_1$。

(3) 农业信贷担保机构不给予授信额度,银行拒绝放款。无论新型农业经营主体做出何种决策,农业信贷担保机构、银行和新型农业经营主体的利润均为0。

三、农业信贷担保机构授信决策

本部分通过不完全信息动态博弈对农业信贷担保机构、银行和新型农业经营主体三方之间的博弈进行模拟,具体步骤如下:一是推断先验概率;二是计算参与主体的期望收益;三是求解贝叶斯均衡解。在实践中,农业信贷担保机构、银行与新型农业经营主体之间存在信息不对称现象,因此,农业信贷担保机构只能根据新型农业经营主体管理者资质、财务情况和非财务情况对新型农业经营主体进行风险识别,从而推断新型农业经营主体履约概率,本部分将新型农业经营主体履约概率设定为 δ。

农业信贷担保机构选择授信的期望收益 $\alpha_n^1 = \delta_1 \times I \times r_1 \times n - (1-\delta_1) \times \left(I \times \frac{A_2}{A_1+A_2} \right)$,农业信贷担保机构拒绝授信的期望收益 $\alpha_0^1 = 0$,因此,农业信贷担保机构选择授信的条件为 $\alpha_n^1 > \alpha_0^1$,求解得:

$$\delta_1 \times I \times r_1 \times n > (1-\delta_1) \times \left(I \times \frac{A_2}{A_1+A_2} \right) \tag{6-1}$$

将式(6-1)进行整理,可得:

$$\delta_1 > \frac{A_2}{nr1 (A_1+A_2) + IA_2} \tag{6-2}$$

由此可知,农业信贷担保机构授信决策的依据关键在于新型农业经营主体履约概率是否大于不等式右侧部分。可得如下结论:一是在担保费率 r_1、风险分担比例 $A_1:A_2$ 和授信额度 I 既定的前提下,新型农业经营主体履约概率 δ_1 估计值越大,农业信贷担保机构越倾向于向新型农业经营主体授信。二是在新型农业经营主体履约概率 δ_1 既定的前提下,担保费率 r_1 和授信额度 I 越高,农业信贷担保机构与银行的风险分担比例越大,农业信贷担保机构越倾向于向新型农业经营主体授信。

四、银行放贷决策

首先,新型农业经营主体向银行申请信贷服务;其次,银行选择是否向农业信贷担保机构推荐该新型农业经营主体;再次,农业信贷担保机构选择授信;最后,银行进行放贷与否的决策。银行相较于农业信贷担保机构而言,对新型农业经营主体的盈利情况和信用等级等信息更加清楚，并且依据这些信息做出放贷与否的决策。

银行选择放贷的收益为 $\beta_1 = n \times I \times r_2 \times \delta - \frac{A_1}{A_1+A_2} \times I \times (1-\delta)$，而银行选择不放贷的收益为 $\beta_2 = 0$。银行选择放贷的条件为 $\beta_1 > \beta_2$，求解得：

$$n \times I \times r_2 \times \delta - \frac{A_1}{A_1+A_2} \times I \times (1-\delta) > 0 \tag{6-3}$$

将式（6-3）整理，可得：

$$\delta > \frac{A_1}{nr_2(A_1+A_2)+A_1} \tag{6-4}$$

根据式（6-3）可知，由于循环次数 n、风险分担比例 $A_1 : A_2$ 和银行利率 r_2 均大于 0，因此银行会做出放贷的决策。

根据式（6-4）可知，当银行贷款利率 r_2 一定，$A_1 : A_2$ 越大时，式（6-4）越不容易成立。也就是说，银行与农业信贷担保机构的风险分担比例越大，银行选择放贷的动力越弱。一方面，较高的风险分担比例会增加银行的亏损概率；另一方面，在风险分担比例较高的前提下，银行更倾向于推荐信用状况较差的新型农业经营主体申请农业信贷担保授信额度，这反而加剧了银行和农业信贷担保机构之间的逆向选择问题。

五、新型农业经营主体履约决策

农业信贷担保机构选择授信和银行选择放贷后，新型农业经营主体会进行履约或违约的决策选择。区别于农业信贷担保机构，在三方博弈过程中，新型农业经营主体清楚自身资质、财务和非财务等信息情况，并且可以依据这些信息进行是否履约决策。

假定新型农业经营主体选择履约的期望收益 $\pi_1 = P \times R$；新型农业经营主体无能力或者拒绝归还贷款，新型农业经营主体的期望收益为 $\pi_2 = I(1+r_1+r_2)$。新型农业经营主体选择违约的条件为 $\pi_1^n < \pi_2^n$，本部分将新型农业经营主体履约概率设定为 P。

新型农业经营主体无能力或者拒绝归还贷款的条件为：

$$P \times R < I(1+r_1+r_2) \tag{6-5}$$

将式（6-5）整理得：

$$P < \frac{I(1+r_1+r_2)}{R} \tag{6-6}$$

通过式（6-6）可知，当授信额度、银行利率 r_1 和担保费率 r_2 恒定时，农业生产经营项目成功时的利润 R 越低，新型农业经营主体选择无能力或者拒绝归还贷款的概率越大。当农业生产经营项目成功时的利润 R 恒定时，授信额度 I、银行利率 r_1 和担保费率 r_2 越大，新型农业经营主体选择还本欠息的概率越大。

综合式（6-2）、式（6-4）和式（6-6）可知，如果允许银行与农业信贷担保机构的风险分担比例和授信额度自由调整，部分银行可能与农业信贷担保机构之间产生逆向选择问题，即银行为了降低自身亏损概率而倾向于推荐信用状况较差的新型农业经营主体申请农业信贷担保授信额度，导致农业信贷担保风险增加。在实践中，农业信贷担保体系将银行利率和农业信贷担保费率之和设定为8%，银行与农业信贷担保机构的风险分担比例设定为2∶8或3∶7。其中，经营玉米、水稻等粮食作物的新型经营主体的农业信贷担保费率区间限定为[0，1%]，银行与农业信贷担保机构的风险分担比例设定为2∶8；经营蔬菜、水果等高附加值作物和生猪、肉牛等畜牧行业的新型经营主体的农业信贷担保费率区间限定在[0，1.5%]，银行与农业信贷担保机构的风险分担比例设定为3∶7。同时，将授信额度限定在10万到300万之间，较好地规避了高担保费率和信贷担保配给引起的"脱农"问题。在银行与农业信贷担保机构的风险分担比例、授信额度、银行利率和农业信贷担保费率一定的情况下，农业信贷担保机构授信决策的关键取决于新型农业经营主体履约概率。因此，增加新型农业经营主体的履约动力，会进一步扩大农业信贷担保机构对新型农业经营主体担保授信的覆盖面，从而解决新型农业经营主体"融资难""融资贵"和"融资慢"的农业金融供给不足难题。

六、基础模型的模拟结果

假定新型农业经营主体生产经营项目成功时的收益 $E=P(R) \times R^*$，其中 $P(R)$ 是唯一不确定性因素，那么新型农业经营主体履约与违约之间的临界点 P* 可以依据式（6-6）进行求解，求解得：

$$P^* = \frac{I(1+r_1+r_2)}{R} \tag{6-7}$$

理论分析需要依据实践情况进行模拟，进而判断理论分析的合理性。在基础模型中存在 4 个参数，分别为新型农业经营主体申请贷款金额 I、农业生产经营项目成功时的收益 E、农业信贷担保机构的担保费率 r_1 和银行的贷款利率为 r_2。模拟过程中的数据选取会对分析结果产生直接影响，因此模拟过程中的数据选取农业信贷担保机构真实产生的数据较为合理。农业信贷担保体系相关规定要求新型农业经营主体申请贷款金额 I 应限制在 100000 元到 3000000 元之间，银行利率和农业信贷担保费率之和设定为 8%。模拟结果如图 6-1 所示。

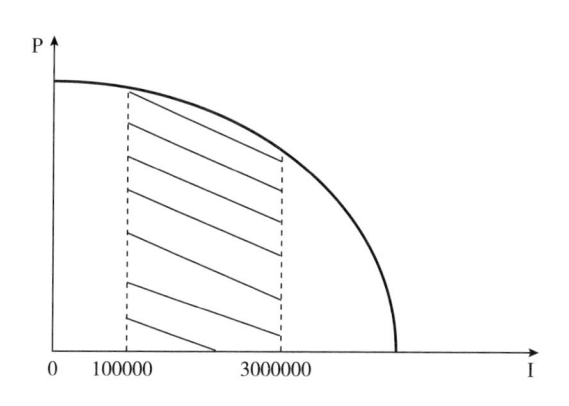

图 6-1　基础模型的模拟结果

本部分选取 L 省农业信贷担保体系业务所产生的真实数据，数据产生时间为 2017 年 7 月至 2019 年 12 月。由于 DL 一市属于我国计划单列市，拥有省一级的经济管理权限，L 省农业信贷担保体系并未覆盖到 DL 市，因此本部分选取 L 省（不含 DL 市）33 家银行向农业信贷担保体系提供并获得担保授信额度的新型农业经营主体申请贷款金额 I、农业生产经营项目成功时收益 R 数据。其中，新型农业经营主体申请贷款金额 I 的极小值、极大值、标准差、平均值分别为 100000、3000000、3.34 和 962300，新型农业经营主体农业生产经营项目成功时收益 R 的极小值、极大值、标准差、平均值分别为 924000、

25508000、2.86 和 1530200（见表 6-1）。新型农业经营主体达到履约区间为 [80.04%, 85.57%]，要求的户数区间为 [408, 436]。

表 6-1　新型农业经营主体申请贷款金额和收益的描述性统计

	极小值	极大值	标准差	平均值
申请贷款金额 I（元）	100000	3000000	3.34	962300
项目成功时收益 R（元）	924000	25508000	2.86	1530200

本部分遵循基础模型假设条件，农业信贷担保体系中的农业信贷担保机构、银行和新型农业经营主体三方，两两之间存在信息不对称现象。在三方博弈中，新型农业经营主体相较于农业信贷担保机构具有信息优势，并且农业信贷担保机构限定的反担保方式单一，那么农业信贷担保机构只能采取"冷酷策略"对新型农业经营主体的违约行为给予惩罚。结论表明，在上述模型假设条件下，新型农业经营主体履约概率估计值低于履约概率临界值，因此，农业信贷担保机构可能拒绝向新型农业经营主体提供授信额度。也就是说，基于上述模型假设条件，新型农业经营主体生产经营项目成功时收益 R 难以实现（信贷，担保，履约）策略，农业信贷担保对新型农业经营主体的业务覆盖面和普惠性很难进一步提高。

总而言之，农业信贷担保机构将服务范围限定为农业生产及与农业生产直接相关的产业融合项目时，需要从新型农业经营主体履约概率、申请贷款金额和生产经营项目成功时收益等方面综合考虑农业信贷担保风险，进而作出是否向新型农业经营主体授信的决策。在实践中，如果农业信贷担保机构对新型农业经营主体的授信标准设定过高，那么农业信贷担保的业务覆盖面和普惠性将会大大降低，这将不利于发挥农业信贷担保的政策性属性；如果农业信贷担保机构对新型农业经营主体的授信标准设定过低，将会大大增加银行和农业信贷担保机构的代偿风险，导致收益无法覆盖亏损，这违背了农业信贷担保机构的可持续性原则，将不利于农业信贷担保机构的可持续性经营。因此，在农业信贷担保机构没有引入其他的外部风险处理机制和信息不对称的条件下，居于信息弱势地位的农业信贷担保机构在进行风险处理时将很难对"政策性"与"可持续性"进行权衡，即为了规避代偿风险提高授信标准，可能会降低农业信贷担保的业务覆盖面和普惠性，而为了提高农业信贷担保的业务覆盖面和普惠性降低授信标准，可能会增加农业信贷担保机构的代偿风险，收益无法覆盖亏损，不利于农业信贷担保机构的可持续性发展。所以，基础模型的计算结果表明：很多新型农业经营主体无法满足农业信贷担保机构对新型农业经营主体的授信标准，因此即便有农业信贷担保机构对新型农业经营主体提供信贷担保服务，新型农业经营主体"融资难""融资贵"和"融资慢"等问题依然存在。

第二节 引入外部机制的博弈均衡分析：扩展模型

新型农业经营主体农业信贷配给、抵押担保品和收益是影响新型农业经营主体获得外部信贷支持的主要因素。引入政府干预机制可以有效解决新型农业经营主体农业信贷配给不足和缺乏抵押担保品引起的新型农业经营主体无法获得外部信贷支持的问题，而引入农业产业链中的关系契约机制，全部或部分保障了新型农业经营主体的收益，在一定程度上提升了新型农业经营主体的还贷能力，从而降低了农业信贷担保风险。

新型农业经营主体在农业产业链中的关系契约稳定保证了新型农业经营主体部分或全部收益，而新型农业经营主体的收益会直接影响新型农业经营主体的履约决策，最终对农业信贷担保风险产生直接影响。由于农业信贷担保机构是在政府干预下建立，具有先天的政策性属性，担保费率恒定，农业信贷担保费用无法弥补农业信贷担保风险带来的损失，因此当农业信贷担保机构的风险逐渐积累时，农业信贷担保机构可能面临亏损而陷入破产的困局。同时，农业信贷担保机构不可能通过提高对新型农业经营主体的授信标准达到规避风险的目的，进而降低新型农业经营主体资金的可获得性。因此，农业信贷担保机构建立科学、完善的风险处理措施不仅大大降低了农业信贷担保风险，更为重要的是大大提升了农业信贷担保机构服务新型农业经营主体的金融供给能力。在农业信贷担保风险处理环节，农业信贷担保机构不能完全依赖国家农业信贷担保联盟的再担保和政府财政风险补偿等机制，而是应结合农业信贷担保"政策性"和"可持续性"特点,对农业信贷担保风险处理进行动态权衡。基于此,本节主要分析引入政府干预机制和农业产业链中的关系契约机制对农业信贷担保机构、银行和新型农业经营主体三方博弈均衡结果的影响。

一、政府干预机制对农业信贷担保风险的影响

2020年《关于进一步做好全国农业信贷担保工作的通知》提出,鼓励银行履行支农支小职责,降低省级农业信贷担保机构担保贷款利率,切实降低综合融资成本,以确保政策性农业信贷担保业务贷款主体实际负担的担保费率不超过0.8%,还鼓励采取信用反担保等符合农业农村实际的反担保措施,以增加农业信贷担保业务的覆盖面和普惠性。同时,要增强新型农业经营主体的履约能力,防止银行将应由自身承担的贷款风险转由农担公司承担,最大限度地降低农业信贷担保风险。

传统的委托—代理理论认为,银行等金融机构的期望收益取决于贷款的利率水平和风险两个方面。在银行等金融机构放款风险独立于利率的前提下,由于农业高风险、低收益和新型农业经营主体缺乏抵押担保品等特征,银行等金融机构会通过提高放款利率的措施达到提升收益和降低风险的目的,最终导致新型农业经营主体的外部融资需求难以得到满足。为了满足新型农业经营主体需要通过外部融资获得资金支持的需求,政府依托农业信贷担保机构为新型农业经营主体提供农业信贷担保服务,使新型农业经营主体可以通过多种反担保方式获得银行信贷支持,从而解决新型农业经营主体缺乏抵押担保品的问题,同时,将银行利率和农业信贷担保机构担保费率之和设定为不能超过8%,使银行等金融机构不能通过调整利率增加自己的期望收益,从而消除了部分信贷配给问题。

1. 政府干预机制对新型农业经营主体履约的影响

完善的政府干预机制不仅有助于打破新型农业经营主体获得外部信贷资金支持的金融壁垒,拓展农业信贷担保机构的担保覆盖面和普惠性,还有助于农业信贷担保机构筛选出具有发展潜力且履约能力强的新型农业经营主体,从而为农业信贷担保机构防范农业信贷担保风险发挥正确的决策导向作用。在政府干预下,银行利率和农业信贷担保机构担保费率之和设定为不能超过

8%，且鼓励采取信用反担保等符合农业农村实际的反担保措施，这样既可以降低新型农业经营主体的融资成本，又可以解决新型农业经营主体缺乏法律形式上的抵押担保品问题，降低了农业信贷担保风险。

无限次循环博弈决策在本质上就是讨论银行和农业信贷担保机构如何激励新型农业经营主体发生履约行为，银行和农业信贷担保机构如何惩罚新型农业经营主体违约行为，以达到农业信贷担保风险最小化目的的过程。在这一过程中，若是银行和农业信贷担保机构对新型农业经营主体的惩罚可信，银行、农业信贷担保机构和新型农业经营主体三者之间的博弈倾向于无限次循环博弈。因此，引入政府干预机制，在解决新型农业经营主体信贷配给问题的同时，降低了新型农业经营主体的综合融资成本，同时这一机制使新型农业经营主体一旦出现违约行为，不仅受到不能获得农业信贷担保机构担保授信的惩罚，而且使新型农业经营主体的融资成本显著增加，进一步增加了新型农业经营主体的违约成本，降低了新型农业经营主体的福利水平，从而在一定程度上减小了农业信贷担保风险发生概率。所以，对于新型农业经营主体而言，选择违约策略不仅会导致"冷酷策略"下担保授信额度为 0，而且会增加融资成本 H。

新型农业经营主体选择违约与履约策略的收益临界值 P^{**}，求解得：

$$P^{**} \times R = I(1+r_1+r_2) + H \tag{6-8}$$

将式（6-8）进行整理，可得：

$$P^{**} = \frac{1.08I+H}{R} \tag{6-9}$$

通过式（6-9）可知，引入政府干预机制后，新型农业经营主体的违约与履约的临界值 $P^{**} = \frac{1.08I+H}{R}$，相较于基础模型理论分析结果 $P^{*} = \frac{I(1+r_1+r_2)}{R}$，等式（6-9）右侧取值范围越大，新型农业经营主体选择履约的概率越大。部分学者通过理论分析发现新型农业经营主体的融资成本约占总成本的 1%（范亚莉、丁志国等，2018），因此本部分假定融资成本 $H = 1\% \times I$。将 $H = 1\% \times I$ 代入式（6-9），得出新型农业经营主体的履约概率 P^{**} 的临界值为 81.62% 和 87.03%。也就是说，和基础模型相比，农业信贷担保机构对新型农业经营主体履约概率的临界值要求分别上升了 1.58%

和1.46%。完善政府干预机制不仅能提高新型农业经营主体的履约概率，而且会提升银行对新型农业经营主体放贷的动力，更为重要的是，在扩大农业信贷担保机构担保覆盖面和普惠性的同时，有效降低农业信贷担保风险。

2. 政府干预机制对农业信贷担保机构授信的影响

在政府干预机制作用下，假设农业信贷担保机构对符合授信的新型农业经营主体的履约概率估计值为δ，农业信贷担保机构选择对新型农业经营主体担保授信的收益为 $\alpha_n^2 = \delta_2 \times I \times r_1 \times n - \frac{4}{5} I (1 - \delta_2)$，农业信贷担保机构拒绝对新型农业经营主体担保授信的收益为 $\alpha_0^2 = 0$，因此，农业信贷担保机构选择为新型农业经营主体担保授信的充分条件为 $\alpha_n^2 > \alpha_0^2$，求解得：

$$\delta_2 \times I \times r_1 \times n - \frac{4}{5} I (1 - \delta_2) > 0 \tag{6-10}$$

将式（6-10）整理可得：

$$\delta_2 > \frac{4}{5 r_1 n + 4} \tag{6-11}$$

通过以上分析可知，引入政府干预机制后，新型农业经营主体的履约概率估计值 $\delta_2 > \frac{4}{5 r_1 n + 4}$，相较于基础模型理论分析结果 $\delta_1 > \frac{A_2}{n r_1 (A_1 + A_2) + I A_2}$，不等式右边取值范围更小，更易成立。这说明在引入政府干预机制后，农业信贷担保授信的临界条件更易满足。进一步健全政府干预机制不仅可以降低新型农业经营主体的融资成本，而且有助于新型农业经营主体获得外部信贷资金支持，从而拓展农业信贷担保机构的担保覆盖面和普惠性。更为重要的是，在一定程度上，它不仅有效解决了新型农业经营主体缺乏法律形式上的抵押担保品问题，而且降低了农业信贷担保风险。

3. 政府干预机制对银行放贷的影响

银行放贷需要对新型农业经营主体的抵押担保品、信用等级、生产经营项目预期收益和可持续融资能力等多种因素进行综合判定。由于农业信贷市场存在严重的信息不对称（李江华、施文泼，2013）和新型农业经营主体缺乏有效抵押担保品（曹瓅、杨雨，2020），同时新型农业经营主体资格认定、管理运作、信用评价等方面存在缺陷（楼栋等，2013；陈卫东，2013；朱文胜，2014），而且更为重要的是，新型农业经营主体的金融需求层次多、个性化明显，除了资金之外，对信息、财务政策、金融服务的需求力度也较大（杨大蓉，2014），因此导致新型农业经营主体难以获得传统金融的有力支持。

引入政府干预机制，政府鼓励农业信贷担保机构采取信用反担保等符合农业农村实际的反担保措施，解决了由于新型农业经营主体缺乏法律形式上的抵押担保品，导致银行无法向新型农业经营主体提供信贷资金支持的问题。同时，虽然银行相较于农业信贷担保机构而言在掌握新型农业经营主体的盈利情况和信用等级等信息上处于优势地位，但是引入政府干预机制后，如果银行将生产经营风险较高的新型农业经营主体推荐给农业信贷担保机构，而新型农业经营主体一旦发生风险，农业信贷担保机构出现代偿，那么农业信贷担保机构将对银行给予拒绝担保授信的惩罚，银行将与农业信贷担保机构以2∶8的风险分担比例共同承担新型农业经营主体的代偿风险，这将导致银行减少收益 $J=0.2I(1-\delta)$。这一机制在一定程度上防止银行将应由自身承担的贷款风险转为农业信贷担保机构承担的道德风险，从而降低了农业信贷担保风险发生的概率。

在政府干预机制作用下，银行选择对新型农业经营主体放贷的收益为 $\beta_1=n\times I\times(0.08-r_1)\times\delta-J$，银行拒绝对新型农业经营主体放贷的收益为 $\beta_0=0$，因此，银行选择为新型农业经营主体放贷的充分条件为 $\beta_1>\beta_0$，求解得：

$$n\times I\times(0.08-r_1)\times\delta-0.2I(1-\delta)>0 \qquad (6-12)$$

将式（6-12）整理，可得：

$$\delta>\frac{0.2}{n(0.08-r_1)+0.2} \qquad (6-13)$$

通过式（6-13）可知，引入政府干预机制后，新型农业经营主体的履约概率估计值 $\delta>\dfrac{0.2}{n(0.08-r_1)+0.2}$，相较于基础模型理论分析结果 $\delta_1>\dfrac{A_1}{nr_2(A_1+A_2)+A_1}$，不等式右侧取值范围更小，不等式更易成立。这说明在引入政府干预机制后，银行放贷的临界条件更易满足。进一步健全政府干预机制有助于解决农业信贷配给问题，也就是说，银行可以向新型农业经营主体提供更多的外部信贷资金支持。

二、农业产业链中的关系契约机制对农业信贷担保风险的影响

理论上而言，我国农业产业链是以种植和养殖环节为主，由上游投入品生产、中游种植养殖与产品加工、下游产品流通与销售渠道共同组成的多环节链接系统（程华等，2019）。在信息非对称情况下，由于新型农业经营主体居于农业产业链核心地位（Besley and Coate，1995），因此新型农业经营主体相较于生产经营主体是具有信息优势的一方。在农业产业链中，由于生产经营主体与新型农业经营主体缔结关系契约的不完全性，新型农业经营主体总是会选择最大化自己效用水平的行为，生产经营主体只能通过缔结利益分配契约全部或部分保障新型农业经营主体利益，从而激励新型农业经营主体选择生产经营主体希望的行为。

农业关系契约又称契约农业或订单农业，部分学者认为居于农业产业链中的生产经营主体（以下简称生产经营主体）、农业中介组织和新型农业经营主体之间的契约形式是一种农业产业组织形态（聂辉华，2013）。也有部分学者基于交易费用视角，理论阐述了缔约双方为了减少交易费用会引入中介组织，而中介组织的介入可以有效约束缔约双方的机会主义行为，因此，这一契约模式可以从根本上降低履约风险（赵西亮等，2005；王亚静、祁春节，2007；生秀东，2007）。

1. 农业产业链中的关系契约机制对新型农业经营主体履约的影响

假设在农业产业链中，生产经营主体为了激励新型农业经营主体选择生产经营主体希望的行为，与新型农业经营主体缔结利益分配契约，以全部或部分保障新型农业经营主体利益 R_1。所以，在农业产业链中引入关系契约机制时，新型农业经营主体履约与违约的临界点 P^{***} 的计算为：

$$R_1 + P^{***} \times R = I(1+r_1+r_2) \tag{6-14}$$

将式（6-14）进行整理，可得：

$$P^{***} = \frac{I(1+r_1+r_2) - R_1}{R} \tag{6-15}$$

将式（6-7）和式（6-15）进行比较，得到 $P^{***} - P^* = -\frac{R}{P} < 0$。由此可

以判断,在农业产业链中引入关系契约机制时,新型农业经营主体履约与违约的临界点 P^{***},即均衡点会向左移动。

使用实际数据对式(6-15)进行模拟,判断农业产业链中的关系契约机制对新型农业经营主体履约的影响。通过计算可得,在引入关系契约机制时,新型农业经营主体履约与违约的临界点 P^{***} 为83.03%和88.41%,高于不引入关系契约情形下的临界值80.04%和85.57%,对应分别上升了2.99%和2.84%。当新型农业经营主体的收益 R 大于 R^{***} 时,新型农业经营主体选择履约;反之,新型农业经营主体选择违约。与不引入关系契约机制相比,新型农业经营主体履约范围增加了 P^{***} 到 P^* 的部分,原本新型农业经营主体违约策略会转向履约策略。所以,引入关系契约机制,在保障新型农业经营主体全部或部分利益的同时,降低了新型农业经营主体的违约概率,从而降低了农业信贷担保风险。

2. 农业产业链中的关系契约机制对农业信贷担保机构授信的影响

对于农业信贷担保机构而言,在农业产业链中引入关系契约机制不仅能增加新型农业经营主体的履约概率,而且可以对新型农业经营主体违约进行补偿。假设农业信贷担保机构对具有利益分配契约的新型农业经营主体履约概率估计值为 β_2,而且新型农业经营主体在发生违约时会将契约权益让渡给农业信贷担保机构,也就是说,在农业信贷担保机构出现代偿时,农业信贷担保机构可以获得新型农业经营主体与生产经营主体签订契约中的利益金额 R_b,用于弥补代偿中所产生的损失。

在农业产业链中的关系契约机制作用下,农业信贷担保机构选择对新型农业经营主体担保授信的收益为 $\alpha_n^2 = \beta_2 \times I \times r_1 \times n - \frac{4}{5} I (1-\beta_2) + R_b$,农业信贷担保机构拒绝对新型农业经营主体担保授信的收益为 $\alpha_0^2 = 0$,因此,农业信贷担保机构选择为新型农业经营主体担保授信的充分条件为 $\alpha_n^2 > \alpha_0^2$,求解得:

$$\beta_2 \times I \times r_1 \times n - \frac{4}{5} I (1-\beta_2) + R_b > 0 \qquad (6-16)$$

将式(6-16)进行整理,可得:

$$\beta_2 > \frac{4I - 5R_b}{5Ir_1 n + 4I} \qquad (6-17)$$

通过以上分析可知，在农业产业链中的关系契约机制作用下，新型农业经营主体的履约概率估计值 $\beta_2 > \dfrac{4I-5R_b}{5Ir_1n+4I}$，相较于基础模型理论分析结果 $\beta_1 > \dfrac{A_2}{nr_1(A_1+A_2)+IA_2}$，模型中加入了新型农业经营主体违约时与生产经营主体签订契约中的利益金额 R_b，因此，不等式更容易满足。模拟结果表明，农业产业链中的关系契约机制显著改变了农业信贷担保机构对新型农业经营主体授信的要求，从而在一定程度上扩大了农业信贷担保的覆盖面和普惠性。

3. 农业产业链中的关系契约机制对银行放贷的影响

在农业产业链中的关系契约机制作用下，银行选择对新型农业经营主体放贷的收益为 $\beta_1 = n \times I \times r_2 \times \delta - I \times (1-\delta) \dfrac{A_2}{A_1+A_2}$，银行拒绝对新型农业经营主体放贷的收益为 $\beta_0 = 0$，因此，银行选择为新型农业经营主体放贷的充分条件为 $\beta_1 > \beta_0$，求解得：

$$n \times I \times r_2 \times \delta - I \times (1-\delta) \dfrac{A_2}{A_1+A_2} > 0 \tag{6-18}$$

将式（6-18）进行整理，可得：

$$\delta > \dfrac{A_1}{nr_2(A_1+A_2)+A_1} \tag{6-19}$$

通过式（6-19）可知，在农业产业链中的关系契约机制作用下，相较于基础模型理论分析结果 $\delta_1 > \dfrac{A_1}{nr_2(A_1+A_2)+A_1}$，不等式右侧没有变化。也就是说，引入农业产业链中的关系契约机制，不会显著改变新型农业经营主体的履约概率，也不会增强银行向新型农业经营主体提供更多的外部信贷资金支持的动力。

第三节　本章小结

农业信贷担保机构不能为了规避代偿风险而提高授信标准，这将导致农业信贷担保机构的业务覆盖面和普惠性降低；农业信贷担保机构也不能为了提高农业信贷担保的业务覆盖面和普惠性而降低授信标准，这将导致农业信贷担保机构的代偿风险增加，收益无法覆盖亏损，不利于农业信贷担保机构的可持续性发展。因此，农业信贷担保风险的处理过程必须对"政策性"和"可持续性"进行动态权衡。在未引入政府干预机制和农业产业链中的关系契约机制的情况下，新型农业经营主体只有在80.04%和85.57%的概率下分别获得超过100000元和3000000元的收益，农业信贷担保机构才会为新型农业经营主体提供相应的授信额度，而这已经远远超出了新型农业经营主体的实际盈利能力。如果农业信贷担保机构为了达到提高农业信贷担保覆盖面和普惠性的目的而为新型农业经营主体提供授信额度，则会加大农业信贷担保机构的代偿风险。引入政府干预机制，将银行利率和农业信贷担保费率之和设定为8%，同时提供多种形式的反担保方式，解决了新型农业经营主体无法获得有效外部信贷支持的问题，但将新型农业经营主体履约策略的收益临界值分别上升了1.50%左右，从而大大增强了新型农业经营主体的履约动力。引入农业产业链中的关系契约机制后，新型农业经营主体履约的收益临界值发生了显著改变，农业产业链中的关系契约机制将新型农业经营主体保持履约策略的收益临界值分别提升了2.99%和2.84%，大大增加了农业信贷担保机构的授信意愿。所以，引入政府干预机制和农业产业链中的关系契约机制不仅可以有效扩大农业信贷担保业务的覆盖面和普惠性，而且有助于农业信贷担保机构对项目风险的处理，以达到对农业信贷担保"政策性"和"可持续性"的动态权衡。

第七章 研究结论、政策优化与研究展望

前文基于政府干预和关系契约双重视角,梳理了农业信贷担保风险管理的理论逻辑,并以实证检验辅之,厘清了政府干预和农业产业链中的关系契约对农业信贷担保风险的影响。本章将首先阐明研究结论,其次提出相关政策优化建议,最后进行研究展望。

第一节 研究结论

在农业现代化转型背景下,基于政府干预和关系契约的双重视角,以"风险识别—风险评价—风险处理"为分析框架,运用 2017 年 7 月至 2019 年 12 月 L 省农业信贷担保体系 510 户新型农业经营主体产生的真实数据,较全面且系统地研究了农业信贷担保风险管理的全过程。一是基于委托—代理理论的研究范式,实证检验了政府干预和农业产业链中的关系契约对农业信贷担保风险的影响。二是运用冲量模型,重点解析引入外部机制对新型农业经营主体履约稳定性的影响,从而评价了农业信贷担保风险。三是使用不完全信息动态博弈模型理论分析与数据模拟了农业信贷担保风险的处理过程。主要有以下三点发现:

第一,政府干预影响农业信贷担保风险的路径依赖于新型农业经营主体管理者道德风险,即政府干预在一定程度上激励了农业生产经营项目风险较

第七章 研究结论、政策优化与研究展望

高的新型农业经营主体管理者隐藏或提供虚假信息，以达到提高外部融资可获得性的目的，从而获得更高的农业信贷担保授信额度从事农业生产经营风险较高的项目，最终诱发农业信贷担保风险；农业产业链中的关系契约影响农业信贷担保风险的路径依赖于新型农业经营主体管理者风险态度，即在信息不对称、契约不完全和隐性违约成本为零或者极低的情况下，新型农业经营主体管理者作为契约经济人，很容易产生机会主义倾向，具体表现为在农业产业链中，新型农业经营主体总是试图在各种契约约束下寻求自身效用最大化。

第二，虽然政府干预对新型农业经营主体管理者道德风险、个人订单情况和个人持续经营年限三个指标产生负向影响，但是随着政府干预对新型农业经营主体盈利情况产生正向影响的逐步加深，政府干预所产生的正向影响很快超过了政府干预对新型农业经营主体管理者道德风险、个人订单情况和个人持续经营年限产生的负向影响，进而大幅度提升了新型农业经营主体的盈利能力；农业产业链中的关系契约对新型农业经营主体管理者的个人持续经营年限和盈利情况产生正向影响，并且随着影响的逐步加深，正向影响很快超过了农业产业链中的关系契约对新型农业经营主体管理者风险态度、销售毛利率产生的负向影响，进而大幅度提升了新型农业经营主体的财富创造能力。

第三，引入政府干预机制，采取为新型农业经营主体提供多种形式的反担保方式，对新型农业经营主体获得有效外部信贷支持提供了有力支撑，同时大大提高了新型农业经营主体的履约动力；引入农业产业链中的关系契约机制后，在全部或部分保障新型农业经营主体收益，提升新型农业经营主体还贷能力的同时，大大增加了农业信贷担保机构的授信意愿。所以，引入政府干预机制和农业产业链中的关系契约机制不仅可以有效处理农业信贷担保风险，而且有利于扩大农业信贷担保业务的覆盖面和普惠性，在发挥农业信贷担保机构政策性属性的同时，兼顾农业信贷担保机构的可持续性。

第二节 政策优化

我们既要对农业信贷担保体系进行整体性的认知和分析，又要把握农业信贷担保体系的实践特征,这样才能对当前农业信贷担保体系健康、可持续发展有所帮助。

一、基于政府干预视角完善农业信贷担保风险防范体系

本篇的研究可为农业信贷担保体系撬动金融资本和社会资本投入"三农"领域,在充分发挥市场主导的同时,以政府这只"有形之手"助推我国农业现代化发展方面提供决策参考。

1. 切实提高农业信贷担保体系运行效率

(1)创新贷款抵押担保方式。应鼓励农业信贷担保体系通过灵活的市场感知能力,发展L省特色农产品品牌。农产品品牌发展是提高农业效益、提升农产品市场竞争力的关键因素。L省政府将优化农产品品牌标识,立足区域资源,突出产业特点,打造一批区域公用品牌;立足生态环境保护和绿色优质生产,打造一批大宗农产品品牌、特色农产品品牌;立足发挥农业龙头企业和合作社组织化、产业化优势,打造一批知名企业、合作社品牌;推进区域农产品公共品牌建设,支持地方以优势企业和行业协会为依托打造区域品牌。农业信贷担保体系作为政策性金融机构,放宽现行法律中关于农村抵押担保物的范围,重点将新型农业经营主体的农产品品牌等纳入抵押担保范围也是势在必行。同时,我国实行农业用地"三权"分置的初衷之一就是允许农民将土地经营权用于抵押,以满足农民的金融需求。L省农业信贷担保体系应开展切实有效的土地经营权、农产品存货抵押等。同时,国家层面应尽快修改和完善农地制度和确立相关农地抵押法律法规,包括建立有效的农村土地信用市场及相应的土地价值评估机构等。

(2)提高金融信贷资金支农效率。L省农业信贷担保体系应在以下两个方面提高金融信贷资金支农效率:一是实现担保产品"精准供给",结合新型农业经营主体对资金需求的长期性、规模性、季节性等特征,鼓励农业信贷担保体系通过灵活的抵押担保方式降低担保授信门槛,以打破新型农业经营主体信贷配给壁垒。二是实现担保对象"精准扶持",鼓励农业信贷担保体系对新型农业经营主体给予更优惠的担保支持,促进传统农业向现代农业转型升级,进而形成农业信贷担保体系与新型农业经营主体之间的长效互动机制。

2. 地方政府主导规范外部环境

（1）完善新型农业经营主体的征信体系。农业信贷担保体系的担保意愿程度主要取决于新型农业经营主体的信用水平。建议地方政府部门成立专业的农村征信公司，地方政府给予农村征信公司一定的税收减免和财政补贴奖补，帮助征信公司迅速成长、发展。地方政府允许征信公司采用关系契约向农业信贷担保体系提供有偿的服务。同时，农业信贷担保体系充分利用农产品生产企业信用信息系统，将列入市场失信主体的新型农业经营主体拉入失信客户"黑名单"，对拉入失信客户"黑名单"的新型农业经营主体在申请农业信贷担保授信额度时，采取降低担保授信额度或不予提供担保授信的风险防范机制。

（2）有效调整农业产业结构和布局。地方政府在农业产业转型、升级过程中发挥着至关重要的作用。L省政府可以将农业信贷担保体系作为促进现代农业产业结构调整的抓手，加强LD地区红松果材兼用林、板栗、猕猴桃等特色经济林和LX北地区榛子、核桃、大枣、杏等特色经济林经济基地建设，同时，引导畜禽生产向玉米主产区、环境承载能力强、区位优势明显的区域转移，有针对性地在不同地区培育不同数量、规模、类型的新型农业经营主体，从而调优品种结构和促进规模经营，达到逐步提高林下经济质量和效益，提升现代化养殖占比和装备水平的战略目的。

（3）建立信用保证制度。由于新型农业经营主体进行农业生产经营风险大，农业信贷担保体系在向其提供担保授信额度之后，往往会遇到新型农业经营主体无力偿债、逾期偿债等风险，那么通过政府部门为农业信贷担保体系的运作提供资金、税收和法规等方面全方位的支持就显得势在必行，最重要的就是推行信用保证制度。与新型农业经营主体开展借贷业务，银行等金融机构能够很便捷地对新型农业经营主体进行实时动态监督，那么银行等金融机构应负责承担担保债务的跟踪监管义务。如果由于银行等金融机构失职造成新型农业经营主体最终不能履行偿债义务，那么农业信贷担保体系可依法免除担保责任。

（4）扩容农业保险品种。地方政府应在以下两个方面扩容农业保险品种：一是扩大农业保险品种覆盖范围，在保障原有农产品保险供给的基础上，依据农业保险运行规律，将L省区域特色农产品逐步纳入农业保险保障范围。

二是扩大农业保险的受益主体范围，除保障农业生产者外，将农机农具与设施农业生产者、农业保险经营组织等第三方纳入扶持范围，以达到调动多方积极性的目的。同时，将防范农业市场风险纳入农业保险体系。

二、基于关系契约视角完善农业信贷担保风险防范体系

本篇的研究结果可为我国农业信贷担保体系针对居于农业产业链中的新型农业经营主体设计风险防范机制的相关政策提供启示。

1. 农业信贷担保体系商业运行模式规范化

（1）推进农业产业链中的关系契约规范化。农业信贷担保体系可将自身作为农业产业链中的中介组织，对契约内容规范、订单违约率低的新型农业经营主体提供一定的担保授信额度，而对于契约内容不清晰、订单违约率高的新型农业经营主体降低或不予以农业信贷担保授信。同时，建立农业产业链中的"声誉机制"。对于农业产业链的长期契约关系，农业信贷担保体系作为第三方，可以为新型农业经营主体建立信用档案和信用评级，利用信用激励机制，如为信用程度高的新型农业经营主体降低部分担保费率等，有效增加长期契约的稳定性。最后，科学审查农业关系契约的规范性和完全性。对于农业产业链的短期契约关系，农业信贷担保体系作为第三方，应将契约内容作为尽职调查的重点内容，重点审查农业关系契约的规范性和完全性，在最大程度上防范新型农业经营主体的道德风险，降低订单违约概率，从而防范农业信贷担保风险。

（2）遵循市场经济规律，支持优势产业发展。L省农业信贷担保体系应对地方政府大力引进目标市场的农产品贸易销售企业提供一定的担保授信额度，帮助地方政府引导和支持引进的农业企业以多种形式参与建设L省生产基地等，从而形成政府、银行等金融机构、农业信贷担保体系、农产品贸易销售企业四方紧密合作的利益联结机制，打开L省农产品产销加、贸工农合作化、就地化的新局面。这样既能充分利用市场机制的自发调节作用，更好地配置社会资源，又能避免政府的直接过度干预，抑制了某些地方政府的寻租行为，从而更加有效地发挥L省农业信贷担保体系的金融杠杆作用，更好地实现L省农业信贷担保体系责任、权利、利益的高度统一，使L省农业信贷担保体系贯彻L省地方产业政策建立在市场行为的基础之上。

第七章　研究结论、政策优化与研究展望

2. 以服务新型农业经营主体为本

（1）建立科学合理的风险防范机制。在现阶段，农业信贷担保风险管理体系应同时聚焦风险处理的两个方面：一是"堵"，即建立科学合理的风险预警、评价体系。在建立农业信贷担保风险预警和评价体系的过程中，应将以下两点纳入考虑范畴：第一，按照农业产业链的不同进行细分，根据政策走向规划出若干个一级行业和二级子行业，建立针对不同规模种、养殖户的风险评价指标模型；第二，将"必须带动一定数量的小农户发展，增加小农户生产经营性收入"作为新型农业经营主体获得授信额度的评价标准。二是"疏"，以服务新型农业经营主体为宗旨，充分利用电商平台、线上线下融合"互联网+"等新兴手段，同时合理利用 L 省农业信贷担保体系的政府信用优势，向相关农产品博览会、农贸会、展销会等渠道积极推荐受保新型农业经营主体的农产品，帮助受保新型农业经营主体做好品牌市场营销，打开销路，提升农产品利润，讲好 L 省农产品品牌故事，从而达到最终提升 L 省农业信贷担保体系影响力和传播力的目的。

（2）巧抓农业生产经营规律。银行等金融机构可以快速对市场竞争做出反应，迅速推出降低信贷门槛的金融业务和产品，追根究底在于合作银行经过多年农村金融市场实践，深谙农业市场运行之道、农村社会风俗习惯和农民生产经营活动规律，而且经过多年的长期合作，银行也熟悉了农业信贷担保体系的运作模式。农业信贷担保体系推出的四种农业信贷担保产品都是以银行推荐为基础，尽可能缩短农业信贷担保业务流程，从而达到了解决新型农业经营主体"融资慢"问题的目的。在接下来产品研发中，建议农业信贷担保体系抓住新型农业经营主体生产经营中季节性、周期性的规律，适时推出农业信贷担保产品。

第三节　研究展望

首先，本篇遵循委托—代理理论的分析框架，基于政府干预和农业产业链中的关系契约维度，理论分析农业信贷担保风险形成机理，并且使用 IV-

Probit 模型识别农业信贷担保风险；其次，在风险识别的基础上，采用冲量过程模型分别评价政府干预和农业产业链中的关系契约对农业信贷担保风险系统的冲击影响；最后，使用不完全动态信息博弈模型对农业信贷担保风险处理进行理论分析和数据模拟。农业信贷担保体系是由新型农业经营主体、金融机构和农业信贷担保机构等多方参与主体共同构建而成，因此，对于农业信贷担保风险管理的研究涉及农业信贷担保体系的合作银行道德风险、市场风险、操作风险、法律风险等其他多方面因素对农业信贷担保体系风险的影响，虽然笔者尽力掌握相关学科的知识并加以应用，但是碍于学科限制只是将农业信贷担保风险研究主体聚焦于新型农业经营主体的违约风险。鉴于此，书中提出的思想和观点可能还需要学者们进行更深入、持续和系统的研究。

囿于数据的不可获得性，本篇只使用了 L 省（不含 DL 市）农业信贷担保体系业务所产生的真实数据，没有获得除 L 省外其他省份农业信贷担保体系业务所产生的数据，因此，针对 L 省所得出的农业信贷担保风险管理结论是否适用于其他省份还有待进一步实践的检验。此外，由于农业信贷担保体系建立时间尚短，因此所产生的数据约为 3 年期，在将来的研究中，时间跨度越长，所形成的时间序列数据会越接近于真实。

下 篇

农业信贷担保体系建设

第八章 农业信贷担保体系建设

现代化农业的建设,需要新型农业经营主体和广大农户共同创造。根据第三次全国农业普查主要数据公报,截至2016年底,全国纳入农业部门名录的新型农业经营主体共398万户,其中,家庭农场44.5万户,依法登记的农民专业合作社179.4万家,各类农业产业化龙头企业13万个,各类农业社会化服务组织115万个。新型农业经营主体在推进农业供给侧结构性改革、促进现代农业建设、带动小农户发展等方面发挥着越来越重要的引领作用。但新型农业经营主体的融资供需对接还不够顺畅。近年来,虽然银行等金融机构在服务方式、服务内容和产品创新方面做了大量工作,采取了很多措施,但是由于缺乏有效抵押物等,新型农业经营主体"贷款难""贷款贵"的问题依然比较突出。越是新产生的农业经营主体,对金融、对贷款的需求越迫切;越是规模经营的农业经营主体,资金需求越大。为此,财政部、农业农村部等部门联合组建旨在覆盖全国的农业信贷担保体系,但由于建立时间尚短,农业信贷担保体系还存在覆盖面不足、农村征信体系不健全等一系列问题。因此,要继续完善农业信贷担保体系,推动省级农业信贷担保公司加快向市县延伸。

第一节 农业信贷担保的相关概念及起源

"十三五"期间,我国正处于从传统农业向现代农业加速转型的关键时期。2005年至今，我国农业发展取得了举世瞩目的成就，粮食生产实现连增，农民收入稳步提高，同时以规模化生产为基本特点的种养大户、家庭农场、农民专业合作社、农业企业等不断涌现，成为新型农业经营主体。与传统农业相比，现代农业具有技术密集、资金密集、生产规模化的显著特征，随着现代农业的发展，资金短缺问题日益成为主要制约因素，"贷款难""贷款贵"问题始终未能得到很好解决。因此，财政部、农业农村部等部门已将建立由财政支持的农业信贷担保体系作为新一轮强化农村金融支撑作用的重要手段，试图通过创新财政支农机制，建立起国有或国有控股（占股80%以上）的农业信贷担保体系，引导推动金融资本投入"三农"，解决"三农"普遍存在的"融资难""融资贵"问题。

一、农业信贷担保的相关概念

担保是指在经济金融活动中，债权人为了降低风险、减少资金损失，由债务人或第三人提供履约保证或承担责任的行为。担保的根本目的是保障债权的顺利实现，同时担保具有补偿性功能。债权人与债务人及其他第三人签订担保协议，当债务人违约时，债权人可以通过执行担保协议确保债权的安全，获得赔偿。《中华人民共和国民法典》中规定的担保方式包括抵押、质押、留置、保证、定金五种，用于信贷担保的方式基本包括抵押、质押、保证三种。

农业信贷担保是指在该模式下，金融机构在城市和农村吸收存款，而新型农业经营主体由于缺乏抵押、质押担保品，无法向新型农业经营主体发放贷款，因此由政府全额出资或主导组建农业担保公司向新型农业经营主体进行担保，动员和分配暂时闲置的货币资金，以供应新型农业经营主体农业再生产过程中资金周转需要的一种形式。这种财政支持下的农业信贷担保大多实行市场化运作，且担保项目具有明显的政策导向。

二、中国农业信贷担保的起源

从中国的国情来看，城市与农村经济发展不平衡，这是由历史和国家经济政策等因素影响而造成的。这一问题已引起了党中央的关心和重视。从2004年到2017年连续14年的中央一号文件都专题部署"三农"发展问题。

中国幅员辽阔，地区间经济发展不平衡，各地的金融发展水平存在差异，信贷与农村经济的关系问题也呈现出不同的特征。因此，对这一问题的研究不能只停留在国家层面，必须深入到省级乃至地区层面，才有可能把握到基本的现实。

推进传统家庭经营农业向现代化农业转型升级，首要条件是要培育与现代农业相匹配的若干新型农业经营主体。新型农业经营主体是相对于传统农户而言的，是指拥有一定的生产经营规模，具有较好的农业生产条件和经营管理能力，劳动生产率、土地生产率均较高，以商品化生产为主要目标的农业生产经营组织。新型农业经营主体是伴随着现代农业的不断推进而产生的，带有规模化、产业化、商品化等特征。新型农业经营主体是现代农业的组织基础。没有大量的新型农业经营主体，农业现代化进程就不可能得到持续推进。农业的新型经营主体是多元化的，表现形式也多种多样。在我国，新型农业经营主体的培育离不开土地、资金、劳动力、技术、管理、制度六大要素。在这些要素中，资金是核心要素，其他要素都是通过资金要素进行驱动组合的。没有资金要素的先导性驱动，其他要素都只是"潜在"要素而停留在各自的要素市场，无法转换为新型农业经营主体培育的"现实"要素。

新型农业经营主体的发展需要大量长期稳定的资金投入，但是由于我国农业的弱质性，通过农民自身积累无法实现农业资金供求的内部平衡，因此资金主要来源于外部，即财政对农业的直接投入和金融机构发放的支农信贷。然而，在资金的获得上，种粮大户等新型农业经营主体普遍反映：一是财政支农资金使用的低效率。二是难以获得有效的信贷支持。尽管国家出台了贴息贷款、小额扶助贷款和定向降准等政策，但是由于条件苛刻，一般农民既无抵押物又难找担保人，因此很难贷到款。为了解决资金要素在农业生产中的短缺问题，运用舒尔茨改造传统农业的思想，应在宏观层面建立支持农业发展的资金保障制度，在微观层面制定切实可行的措施，提高资金供给者即金融机构从事农业信贷业务的积极性，增加农业贷款量，满足新型农业经营主体的资金需求。

2006年，由市、县级政府出资支持建立，按照现代企业制度要求设立，实行市场化运作，以解决农业经营主体启动资金、扩大再生产资金等需求矛盾的市、县级农业信贷担保公司陆续组建。2008年，市、县级农业信贷担保公司在经过近三年的探索后，业务渐趋成熟，从而加快了规模扩张的步伐。2013年，新型农业经营主体在推动我国农业现代化方面的作用愈加重要，但由于缺乏有效抵押担保品，仍难以获得有效的资金支持。为了支持新型农业经营主体发展，市、县级农业信贷担保公司进行了转型。2015年，财政部、农业农村部、原银监会三部门在总结市、县级农业信贷担保公司10年的实践探索经验的基础上，联合组建了国家农担联盟。与此同时，全国23个省、5个自治区、4个直辖市、5个计划单列市由政府财政出资组建省级农业信贷担保公司。截至2017年底，覆盖全国的、旨在解决新型农业经营主体"融资难""融资贵"的农业信贷担保体系成立。

第二节 农业信贷担保申请流程及关键问题

全国农业信贷担保体系虽然建立时间尚短，但是各级部门在经过近年来的实践，已经总结出一套相对成熟的农业信贷担保项目申请流程。

一、农业信贷担保申请流程

根据我国农业信贷担保体系的相关规定，农业信贷担保机构承保单个担保项目的授信额度为10万~300万元。具体担保流程（见图8-1）分为以下七步：

（1）受理。业务部门接受银行推荐的拟授信客户，对拟授信客户的担保申请书、个人信息、征信报告等相关材料进行初步审核。项目经理深入现场进行尽职调查，对担保项目进行合规合法性检查，再次评估后，对于符合农业信贷担保相关规定的担保项目，撰写《担保风险报告》。

（2）业务推荐。完成合规性审查后，进行拟担保项目推荐，由风控部门进行项目抽查。对于符合风控标准的项目，由业务部门负责人、风控部门负责人、总经理会签，推荐审批。

（3）专家审批。拟担保项目会签完成后，由综合部安排相关领域专家进行拟担保项目的评审。

（4）风险业务审批。专家审批完成后，综合部组织风控部门组织拟担保项目审批会议，对业务进行公开讨论和表决。

（5）会议纪要。综合部门根据会议纪要和专家评审意见，以会议纪要形式对拟担保项目进行批复。

（6）管理层备案。将会议纪要抄报管理层阅知，进行审批备案。

（7）对审批通过的担保项目向外出具《担保意向书》。

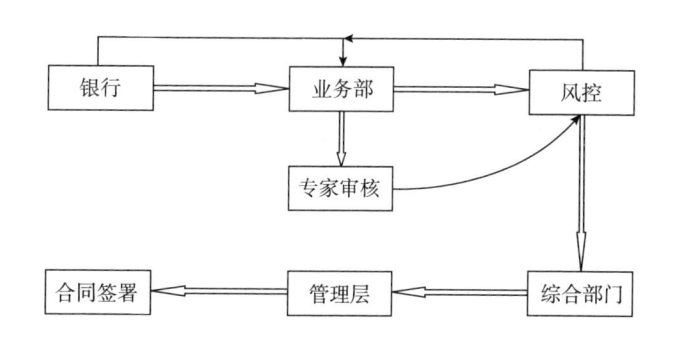

图 8-1　业务流程图

二、农业信贷担保体系良性发展中需解决的四个关键问题

在推进农业供给侧结构性改革、加快农村金融创新的背景下，加强农业信贷担保体系建设应重视农业信贷担保项目的风险管理和金融产品创新，这就是担保中通常意义所说的"两手抓，两手都要硬"。经过大量走访调研，在实践中农业信贷担保体系应解决以下四个层面的关键问题。

1. 新型农业经营主体的农业信贷担保物缺乏、担保形式单一

农业信贷担保难的一个主要问题就是新型农业经营主体可担保物有限。可以作为信贷担保的物体有两个必备条件：一是贷款人对其有处分权；二是金融机构认定其具有市场价值且可交易。但目前新型农业经营主体主要拥有的财产中满足以上两个条件的物品很少，大都存在缺陷。正是由于信贷担保物的缺乏，导致新型农业经营主体很难得到正规金融机构的信贷支持。农业信贷担保形式单一，主要有不动产抵押担保、动产质押担保等。抵押、质押

贷款虽然风险防御能力高，但是实际中农村抵押物、质押物较少。农村金融机构在办理担保时依旧沿用城市信贷担保方式，鲜有创新。而一些担保方式在理论上可行，在实际中却难以推行。

2. 针对新型农业经营主体的农村征信体系不健全

在缺乏有效抵押、质押担保物的情况下，为防治被担保人出现道德风险，针对新型农业经营主体的征信体系便显得尤为重要。征信体系的完善可以使整个社会信用环境更上一层楼，良好的信用环境是优化农村金融生态环境的基础，是农村建设的重要基石。而农村现阶段的征信体系不完善，新型农业经营主体缺乏信用知识，个人信用保护意识差。目前，在农村的征信知识宣传较少，缺乏全面性和持久性，新型农业经营主体对信用知识的了解不够到位，对个人信用保护方面缺乏一定的认识和警惕。而征信系统建设不完善，信息覆盖面狭窄、分散、难以共享。此外，征信行业建设滞后，信息采集、披露不规范。农村尚未建立专门的征信机构，缺乏统一的监督管理。征信机构在采集信用信息及披露等关键环节无法可依，这也暴露了农村征信体系不健全的一个重要原因：缺乏相关的法律法规的指导与约束。

3. 缺乏合理有效的风险评价指标体系

在只能依靠银行等金融机构的征信体系作为风险评价参考依据的前提下，建立符合自身发展规律的、科学的、有效的风险评价指标体系对于现阶段农业信贷担保机构风险管理具有举足轻重的作用。由于农业信贷担保体系产生的时间较短，对风险的管理具有样本量小、信息不完全的特点，因此我国农业信贷担保体系对信贷担保违约风险出现的概率缺乏科学、准确的估计，比如对客户的评级方法较为宽泛和粗糙，对于客户违约概率估计不准确，增加了资产损失的可能性，更重要的是，农业信贷担保相较于商业性担保机构来说，不能通过设置烦琐的流程、相互担保、降低贷款额度、提高利息等措施保障担保贷款的安全性，也不能如银行一样在与新型农业经营主体的博弈中对新型农业经营主体实施信贷配给。与一般商业性担保和银行信贷相比，农业信贷担保的担保违约风险更大、更复杂。所以，建立一套科学的、定量的针对新型农业经营主体的农业信贷担保风险评价指标体系，对于农业信贷担保体系的完善而言十分迫切。

4. 农业信贷担保机制不完善、风险补偿机制缺失

目前，保险公司通过政府的支持和较高的保险费用可以获得高额的营

业利润，但是它们往往没有发挥支持农业的作用。虽然存在政策性农业保险，但是也经常受到政府的财政实力限制，范围小且数量少，而产生这样问题的原因则主要是农业信贷担保机制不完善。农村金融机构为了降低风险，设立新型农业经营主体信贷的种种壁垒，限制新型农业经营主体的融资。农业信贷担保机构风险补偿主要来自担保收费和风险准备金。由于担保风险补偿机制缺失，一旦发生代偿，贷款风险都由担保机构承担，农业信贷担保机构缺少后续力量来平衡和保障遇险后的化险自救。同时，虽然已经逐步建立了银行与信贷担保机构的合作机制，但是银行对信贷担保机构仍然存有偏见，要建立起成熟有效的合作机制还有很长的路要走。在这样的情况下，随着担保机构的业务量逐渐增大，其存在的信用风险并没有得到明显化解。

第三节　银担合作的巴渝模式借鉴

2007年6月，国务院批准重庆市作为全国统筹城乡综合配套改革试验区。时至今日，"重庆试验"已满16载。16年来，重庆的政策性金融探路之举引人瞩目：建立专属的农业信贷担保体系，构建信贷风险分散、分担机制……重庆政策性金融业在艰难的农村金融领域走出了一条条各类金融要素回流农村的顺畅梁道。重庆市金融支持统筹城乡发展方兴未艾，但16年来构建的基本格局已足以让我们窥见其堂皇而坚实的一体化全貌。

经过多年的完善，重庆市逐步形成了以政策性担保机构重庆市农业信贷担保有限公司、区县级农业信贷担保分公司及农业信贷担保代办处为主导，以商业性、互助性担保机构重庆兴农融资担保有限责任公司、重庆市乡镇企业信用担保有限责任公司及乡镇农业信贷互保、联保机构为补充，以信用村（镇、乡、户）评级模式、"涉农企业、农户+征信+信贷"模式及"区县信用村QQ群"工作制度形成的农村信用评价体系为依据，以政府扶持资金投入、财政农业专项贴息基金制度、农业小微企业税费减免等各类优惠政策为指导的完整农业信贷担保体系。

重庆作为中西部地区唯一的直辖市,城乡二元结构矛盾较为突出,在农村经济增长的主要因素中,资金因素显得尤为重要。目前,财政和金融是农村资本形成的主要来源,要实现重庆城乡经济协调发展,充分发挥财政和金融的各自优势,形成良性互动是必然要求。

一、精准定位:明确服务主体和范围

重庆农业融资担保集团有限公司自2006年成立以来就一直致力于解决农业产业发展的融资瓶颈问题,找准着力点,服务对象聚焦于新型农业经营主体,提供综合性农村金融服务,让他们贷得到钱、用得起钱、用得好钱。

试点之初,重庆在全市确定128个农村产业融合发展试点乡镇。重庆农担公司紧贴时代脉搏,围绕农业供给侧结构性改革这条主线,积极探索财政撬动金融支农的创新机制,及时发布了《农村一三二三产业融合发展试点实施方案》和三产融合的政策性融资担保产品目录,将服务范围锁定为粮食生产、畜牧水产养殖、菜果茶等农林优势特色产业,农资、农机、农技等农业社会化服务,农田基础设施,以及与农业生产直接相关的一二三产业融合发展项目和家庭休闲农业、观光农业等农村新业态。

二、内生活力:"金融活水"激活造血功能

三产融合的关键在"钱","钱紧""钱贵"一直都是困扰农业企业的最大瓶颈。为放大财政资金使用效益,重庆农担公司积极对接财政政策和产业政策,与市财政局共同建立了首期规模达1亿元的农村一二三产业融合发展专项风险保证金。凡是财政支持的农村一二三产业融合发展试点担保业务发生本息风险的,均由风险保证金提供风险代偿,并以国家农业信贷担保联盟有限责任公司为再担保保障。重庆农担公司与市财政和29个区县共建了4.3亿元的农业信贷担保风险保证金。

为推广金融支农政策,扩大普惠金融辐射面,重庆农担公司极力与银行、央企、金融平台、保险公司等多类机构开展战略合作,开发短、中、长期直接投融资、创业股权投资、农业互联网金融等适配产品,满足各类新型农业经营主体的季节性、升级转型或多年期种养殖及其初加工营销资金需求,增强新型农业经营主体议价能力,为重庆农村产业融合发展注入更多的"金融活水"。

2017年，重庆扩大示范带动面，将试点乡镇数量增至441个。重庆农担公司迅速将触角延伸到所有试点乡镇。目前，重庆农担公司已在奉节、梁平、彭水、涪陵、江津、大足、合川建立了7个区域性农业信贷担保服务中心，以驻地业务部为信贷服务输送口，业务触角横向延伸至周边4~5个区县，纵向延伸至所有试点镇乡（街道），并派出40多个业务人员常驻区县，点对点地服务农村一二三产业融合发展项目。

以重庆农担公司为战略支点，极大地放大了财政和金融资金的使用效益，撬动各路资本进军农村产业融合领域。如今，它的担保范围遍及全市700多个镇，首批试点乡镇的农业适度规模经营主体增长16.5%，高于全市平均水平114%；农业GDP平均增长率6.38%，增速高于全市平均水平39%。这组数据表明，试点乡镇的造血功能正在逐步增强。

三、外生动力：搭建信息平台引导资金整合

针对不同的融资项目、不同的融资群体和不同的融资需求，重庆农担公司以政策担保为支撑，整合农业部门、龙头企业、互联网金融、产业链金融以及行业协会等组织的管理、技术和信息资源，量身定制四款金融产品，即互联网农业融资、微小（小微）类农业担保融资、普通农业担保融资、新型农业经营主体创业股权投资资金。同时，面向"村支两委"主要负责人推出"带富贷"产品，发挥其带头致富的作用；面向绿色食品、有机食品、无公害农产品、地理标志农产品推出"标识贷"产品，提高农业生产经营者的品牌意识。

为引流城市工商资本下乡，重庆农担公司利用互联网、大数据等信息技术手段，搭建"农哈哈"互联网农业金融平台和"渝哈哈"精品农业（休闲观光）购销平台，在小额、短期、灵活、快速满足农业生产性、季节性融资需求的同时，为"三品一标"农产品、乡村旅游、特色民宿等广开销路，积累新型农业经营主体借贷和交易数据，构建农业信用体系。

第四节 美国农业信贷担保体系建设镜鉴

我国农业信贷担保体系建立时间尚浅,相比之下,美国农业信贷担保机构体系则更加健全和完善,在机构协调和制度方面可以给予我们许多启示。借鉴美国农业信贷担保体系并不意味着如法炮制,而是通过这样的对比找到适合我国国情的、更加有效的解决农业"贷款难""贷款贵"的方法。而有效运作的切入点在于厘清美国农业信贷担保体系的特点。

一、美国农业信贷担保体系的特点

1. 以合作金融为主导模式

美国没有"新型农业经营主体"一词,美国的农场主就相当于我国的新型农业经营主体。美国政府为了发展农业,对农场主进行财政补贴和实施税收优惠政策。农业贷款补贴主要分为直接补贴、贷款利率补贴和长期性补贴三种。农场主通过商业银行进行贷款后,因某些不可抗力因素比如自然灾害等状况导致农产品价格下降而无法偿还贷款时,政府会直接补贴农场主一定资金用于偿还贷款。贷款利率补贴是指政府通过支付给金融机构一部分资金用于降低农场主贷款的利率和延长还款年限,从而提高农场主贷款的积极性。长期性补贴是指政府对信用记录良好的农场主予以一定的财政支持,从而降低贷款门槛、利率等。

美国农业信贷担保体系的资金来源主要分为三个方面:一是政府拨款及优惠政策。每年政府的注资被认为是一种稳定的资金来源,其对于农场主的补贴在一定程度上回流到农业信用体系中来,所以市场普遍认为其风险较低,在需要融资时很容易获得认购。二是发行债券。因为农业信贷担保体系专注于农业金融的发展,其具有极高的专业性,所以其债券会获得很高的评级。三是建立保险基金。农业信贷担保体系的保险基金由农业信贷担保系统保险公司进行管理,该机构隶属于美国政府,从而保证了其稳定性。

2. 政府支持与农场主参与的平衡

农业是一个风险大且投资回报率较低的产业,追逐利润的私人资金进入该领域的意愿不高。美国农业每一次陷入困境，究其原因都是市场的失灵。事实上，美国农业信贷担保制度的发展就表现为每一次危机下美国政府对农业信贷担保制度的完善与发展，由此可见农业信贷担保问题纯粹依靠市场机制来解决是不可能的，政府的介入成为必然。农业本身的特殊性使政府介入农业信贷担保具有不可避免性，但问题的关键是政府对农业信贷担保体系的过分控制会不会使农业信贷担保体系的运行和走向受过多的政治形势的影响，而不是出自对农业生产与发展本身的回应。农业信贷担保体系应该掌握在农场主的手中，因为只有他们才知道农业的真正需求，才是农业利益的忠实代表。正是基于这样的理念，《联邦农地抵押贷款法》规定：当农场主认购的股金占农业信贷担保机构总额的25%时，政府要减少对农业信贷担保机构股份的持有，直到最后完全退出。然而，当美国出现如20世纪30年代的经济危机时，由于农场主的分散性和农业的弱质性，美国政府加强了对农业的干预，通过新的立法和采取行政措施，美国政府又成为农业信贷担保机构最大的股东。危机过后，这一比例又逐渐回调。农业信贷担保制度既需要政府的有力扶持，也需要农业经营主体的积极参与，关键是在农业信贷担保的实践中实现和保持两者的动态平衡。

二、美国农业信贷担保体系的可持续运作机制

1. 提供全方位的农业信贷担保服务

美国农场信贷供给担保体系在长期的发展过程中，根据农业发展需要，开发了品种丰富的信贷担保服务产品，可以满足不同需求层次农场的融资需要。一是在信贷担保用途上，从农场土地购置、基础设施建设、日常运营、农产品储存和销售等方面，农场信贷担保机构提供了全方位的信贷担保服务。二是期限结构合理。美国农业信贷担保体系根据农场的担保贷款用途不同，将担保期限设置为短则数月，如农产品抵押贷款通常为9个月，农场经营贷款期限为1~7年，农场所有权贷款期限最长可达40年。

2. 服务于农业信贷担保体系市场的其他金融机构及其运作

一是美国的人寿保险公司和养老基金为一定比例的农场不动产提供资金。人寿保险公司（Life Insurance Companies）一直以来都是农业部门不动产贷款的提供者。早在20世纪30年代，人寿保险公司将25%的不动产抵押贷款投向了农业部门,但近年来贷款份额有所下降,每年有大约10%以上的不动产贷款给了农业。由于大多数人寿保险单的期限在40年以上,因此人寿保险公司农业放贷期限长达20~25年。养老基金为农场抵押贷款提供了一定比例资金,但其市场份额低于农业信贷担保机构。二是各种非银行性的联邦农业抵押公司、复兴金融公司也是美国农场信贷担保体系中的重要组成部分。一方面,它们与联邦土地银行间进行抵押借款和债券买卖,缓解联邦土地银行的资金周转需求;另一方面,它们在农业落后地区委托联邦土地银行代办一些农地抵押贷款。

3. 政府指导确定农业信贷担保行业业务规则

一是指导农业信贷担保费率确定。考虑到农业信贷担保体系实践中的政策性导向,国外政府和农业担保机构一般会根据农场的风险等级及担保机构所能够承担的风险限额,结合"保本微利"的原则确定相应的担保费率。例如,美国的农业信贷担保费率并不固定,原则上农业信贷担保机构的保费约占对项目承保额的2%,但可以针对具体项目进行调整。二是合理确定农业信贷担保杠杆率。随着担保人和借贷双方的不断参与,以及农业信贷担保市场建设的逐步完善,担保杠杆率会呈现出明显放大的趋势,如日本、韩国目前的农业信贷担保杠杆率分别为60倍、20倍,分别较20世纪90年代增加了45倍、5倍。高杠杆率虽然能够吸引更多银行的加入,但是同时也使得参与银行的风险不断加大。根据发展阶段来确定不同的合理杠杆水平是保持金融系统稳定持续发展的保障。

第五节 构建农业信贷担保体系的建议

我们既要对农业信贷担保体系进行整体性的认知和分析,也要把握农业信贷担保体系的实践特征,才能对当前农业信贷担保体系健康、可持续构建有所借鉴。

一、树立政策性导向和市场化运作相结合经营理念

农业信贷需求主体弱势、业务风险偏大等特征决定农业信贷担保具有很

强的准公共产品属性。因此，农业信贷担保机构应当毫不动摇地坚持政策性导向。同时，要采取市场化运作方式经营管理，避免陷入管理混乱、服务低效率和业务风险不断累积等"陷阱"。农业信贷担保机构在坚持以"三农"为主业的同时，应当通过开展一般类型的商业化项目、非融资性担保业务以及强化资金运作等手段提高创收创利能力和自身造血功能，做到"以商补农"、持续经营和支农。具体方式上，可参照中国农业银行探索建立的相关农业信贷担保机制，从农业信贷担保项目管理、资本金放大倍数管理、风险拨备与核销、对外投资与运营、会计核算、考核激励约束、财政税收和风险补偿政策等方面对农业信贷担保体系分别进行单独管理，形成一套有别于商业性业务的管理体系，以此支撑农业信贷担保机构大力拓展涉农政策性担保业务。

二、建立"接地气"的农业信贷担保业务开发机制

一是找准农业信贷担保支持对象。农业信贷担保支持的对象应当是农村信贷有效需求主体，其应当具备三个要素：真正投资"三农"，确因涉农项目经营管理产生资金需求和所投项目具有较好的预期现金流，能够或者基本能够覆盖融资本息。二是选准农业信贷担保作业模式。农业信贷担保业务具有地域分布广、主体融资能力弱等特征，要创新作业模式，采取批量、集群的方式开展。三是优化业务开发流程。农业项目小、频、急融资特征决定其应简化流程、提高效率，具体可由业务人员、风险人员、合规人员平行作业，共同深入项目现场调查，根据各岗位职责，判断项目是否可承保，做到担保合同要求的核心要素全面、深入了解，其他事项仅作是否承保的了解和参考，以此全面提高效率、控制风险，真正引导金融资源快速流向"三农"。

三、探索"互联网+"担保的模式

从增强农业信贷担保内生发展能力的战略层面看，在加强银担合作、共赢发展的基础上，要加大探索创新力度，拓展新的领域和空间，变与银行的"一对一"合作为"互联网+"担保的"一对多"合作，增强自我造血和滚动发展的能力，更好地释放政策性、专注性、独立性的农业信贷担保潜能。搭建"互联网+"农业信贷担保平台，需要借助互联网的优势，特别是互联

网金融的优势,以农业信贷担保为桥梁、纽带和支点,撬动民间资本、社会资本乃至战略合作者的工商资本,将农业信贷担保的"资金端"由单一的银行扩展到多元的社会投资者,将供给方和需求方进行有效对接,构建全社会支持农业的"资产端"、带动全民致富的"资本端",进而实现由财政资金撬动金融资本向财政资金撬动社会资本的创新裂变和转型升级,促进农业信贷担保的持续健康发展。

四、健全农业信贷担保风险分担机制

从各地发展走势看,政银担共赢的方式是值得肯定和推广的,但也有很多需要完善的地方。目前,全国农业信贷担保体系初步建立,通过实施银担合作,银担双方的利率上浮限制与比例分险机制基本形成。但是,无论是商业性担保,还是政策性担保,均以银行为合作对象,在实际合作中凸显了担保与银行之间的地位不对等、权责不对称、风险分担不合理等矛盾和问题。按照国际通行惯例,银担分险比例为2∶8,而我国商业性担保承险是100%,政策性担保与银行的分险比例协作推进艰难。辽宁农担针对这一问题,在与各级政府和银行进行多轮协商后,最终达成1∶2∶7的风险分担比例(政府承担赔偿额度的10%,银行承担赔偿额度的20%,辽宁农担承担赔偿额度的70%),其中银担共担风险又按照赔偿额度的不同划分为两个不同梯次:第一梯次按照赔偿额度的30%~50%计算,则银担风险分担比例为3∶7;第二梯次按照赔偿额度的50%以上计算,则银担风险分担比例为4∶6。这一政银担三方风险分担的长效机制,对于农业信贷担保的发展具有很大的现实意义。

五、建立科学合理的人工智能化风险评价指标体系

针对农村征信体系不健全的问题,农业信贷担保体系在建立过程中,应将农业按照产业链的不同进行细分,根据政策走向规划出若干个一级行业和二级子行业,建立针对不同规模种养殖户的风险指标模型,将农业信贷担保项目风险评价由专家感性评价转化为数量化评价,从而大大提升风险识别能力。要给所有具有真实金融服务需求的新型农业经营主体提供平等的、无差异的金融服务,力争利用大数据、云计算等技术,使用户具有平等的金融服务可获得性,大大扩展农业信贷担保体系的惠及范围,提升服务新型农业经营主体的效率。同时,建立融资担保项目技术服务后援团队,为新型农业经营主体提供技术培训指导、经营规划以及休闲观光农业和农村电商等农业产业融合发展的渠道。

第九章　完善辽宁农业信贷担保体系

中央农村工作会议明确指出，实施乡村振兴就必须巩固和完善农村基本经营制度，确保乡村振兴的制度性供给。其中，建立健全培育新型农业经营主体的体制机制和政策体系，对实现小农户和现代农业发展有机衔接意义重大。对于辽宁省而言，培育新型农业经营主体体制机制亟待解决的问题是农业产业化经营中资金短缺、农业生产经营管理人才外流、农业用地细碎化等。但是，农业金融支持问题又是在制度性供给上比较短缺的一个主要方面。解决农业产业化经营中的资金短缺问题：一是应建立健全实施乡村振兴战略财政投入保障制度，公共财政更大力度向"三农"倾斜；二是要开拓投融资渠道，健全适合农业农村特点的农村金融体系，创新金融体系服务"三农"方式，从而提升金融体系服务乡村振兴的能力和水平。在此背景下，辽宁省农业农村厅和财政厅联合印发的《2023年农业经营主体能力提升资金项目实施方案》指出，加大对新型农业经营主体开展适度规模经营的支持力度，突出做好对粮食、大豆油料等重要农产品生产的信贷担保服务保障。辽宁以期以农业信贷担保体系为抓手，盘活农村农业生产要素，更好地推进农村产业兴旺，从而推动农业全面升级，实现由增产导向向提质导向转变，最终促进农户增收。但是，辽宁农业信贷担保体系也出现了一些问题。为此，应提出相应对策建议，力争引导农业信贷担保体系可持续发展，从而积极推进辽宁乡村振兴。

第一节 辽宁农业信贷担保体系发展现状

在我国，新型农业经营主体的培育离不开土地、资金、劳动力、技术、管理、制度六大要素。在这些要素中，资金是核心要素，没有资金要素的先导性驱动，其他要素根本无法转换为新型农业经营主体培育的现实要素。新型农业经营主体通过自身积累无法实现农业资金供求的内部平衡，因而资金主要来源于外部。但是农业的弱质性、财政支农资金使用的低效率、农村金融体系不健全等，造成了外部资金供给存在着"政府失灵"和"市场失灵"的现象。为了解决新型农业经营主体的资金短缺问题，运用舒尔茨改造传统农业的思想，应在宏观层面建立支持农业发展的资金保障制度，在微观层面制定切实可行的措施，以提高金融机构从事农业信贷业务的积极性，增加农业贷款量。因此，辽宁省政府授权辽宁省财政厅履行出资人职责，利用中央专项资金设立省属国有独资的农业信贷担保体系，作为新一轮强化农村金融支撑作用的重要手段，试图通过创新财政支农机制建立起国有或国有控股（占股80%以上）的农业信贷担保体系，引导推动金融资本投入"三农"，解决"三农"普遍存在的"融资难""融资贵""融资慢"难题。

一、辽宁农业信贷担保体系建立背景

虽然辽宁农业信贷担保体系建立时间尚短，但是各级部门经过两年针对辽宁省农业农村的实践摸索，已经总结出一套体制机制相对完善、旨在发挥财政支农资金杠杆作用，撬动金融资本流入农业、农村，以降低新型农业经营主体融资成本，打破信贷配给壁垒的农业信贷担保体系。

2006年，由市、县级政府出资支持建立，按照现代企业制度要求设立，实行市场化运作，以解决农业经营主体启动资金、扩大再生产资金等需求矛盾的市、县级农业信贷担保体系陆续组建。2008年，市、县级农业信贷担保体系在经过近三年的探索后，业务渐趋成熟，从而加快了规模扩

张的步伐。2013 年，新型农业经营主体作为联结小农户与现代农业的衔接主体，作用愈加凸显。但由于新型农业经营主体缺乏有效的抵押、质押担保品，致使新型农业经营主体缺乏有效的资金支持，为了支持新型农业经营主体发展，市、县级农业信贷担保公司进行了转型。2015 年，我国为解决"三农"融资问题，提供制度性创新，财政部、农业农村部、原银监会三部门经国务院牵头，在总结市、县级农业信贷担保体系 10 年实践探索经验的基础上，利用中央财政专项资金，建立覆盖全国的、旨在解决新型农业经营主体"融资难""融资贵""融资慢"难题的农业信贷担保体系。2016 年，辽宁省政府授权辽宁省财政厅履行出资人职责，利用 2015 年、2016 年、2017 年三个年度共 20.37 亿元的农资综合补贴作为注册资本金，建立辽宁省农业信贷担保体系。2017 年 2 月，成立了由省财政厅、省农委、省畜牧局等 9 个部门为成员的辽宁省农业信贷担保工作指导委员会，指导全省农业信贷担保体系建设工作。

二、辽宁农业信贷担保体系业务进展情况

自 2017 年 6 月至 2019 年 6 月，辽宁开展农业信贷担保业务以来，已受理项目 3866 个，在保项目 2405 个，担保余额 15 亿元，担保业务覆盖 13 个市、76 个县（市、区），包含粮食生产，畜牧水产养殖，菜果林和农资、农机、农技服务四大类。辽宁农业信贷担保体系自 2017 年 6 月开始进行业务运作，2017 年在保项目 191 个，授信额度 17417 万元，单户平均授信额度 91.2 万元。2018 年在保项目 2302 个，授信额度 164461.5 万元，单户平均授信额度 71.4 万元。2019 年上半年，辽宁农业信贷担保体系共向 1212 家新型农业经营主体授信 63348.9 万元信贷担保额度，包括种养大户、家庭农场、农民专业合作社、农业社会化服务组织、小微农业企业等农业适度规模经营主体，以及国有农场中符合条件的农业适度规模经营主体。其中，辽宁农业信贷担保体系授信种养大户、家庭农场、农民专业合作社的担保额度分别为 61749.9 万元、49 万元、1550 万元。从担保情况来看，主要采用信用担保，担保额度 63348.9 万元。从担保成本来看，主要是银行贷款利息、担保费用和服务费用，1212 家新型农业经营主体共支付担保费用 1615.95 万元。从生产经营类型来看，461 家为种植类新型农业经营主体，产生规模效应（带动就业）为 4170 人/次，527 家为养殖类新型农业经营主体，产生规模效应（带动就业）1697 人次。①

三、辽宁农业信贷担保体系业务运作模式

辽宁农业信贷担保体系以"三农"问题为中心开展业务工作。紧紧围绕辽宁省政府乡村振兴战略，结合各地重点支持产业及"一县一业""一村一品"建设，积极推进担保业务开展，在促进全省农业产业兴旺和助推乡村振兴战略实施上取得了显著的成效。

1. 严格的业务准入标准

截至 2019 年 6 月，辽宁农业信贷担保体系在保余额 16.2 亿元，项目 2529 笔，累计担保金额 24.61 亿元，担保项目 3676 笔。辽宁农业信贷担保体系成立以来，先后支持 3600 多户新型农业经营主体发展壮大，796 名客户首次从金融机构取得贷款支持，有效降低了新型农业经营主体的融资门槛。辽宁农业信贷担保体系在以下四个方面取得了显著成效：一是担保服务范围限定为粮食生产、畜牧水产养殖、菜果林等农林优势特色产业，农资、农机、农技等农业社会化服务，农田基础设施，与农业生产直接相关的一二三产业融合发展项目，以及家庭休闲农业、观光农业等农村新业态。二是控制担保额度，对适度规模经营的新型农业经营主体，单户在保余额控制在 10 万~300 万元，对于 100 万元以下的客户，基本采用信用担保，无须提供房产等抵押，反担保措施主要是要求直系亲属、子女承担无限连带责任保证，较好地解决了农民无法提供有效抵押物造成的"融资难"问题。三是在促进产业兴旺中发挥了积极作用。围绕服务各地"一县一业""一乡（村）一品"特色产业，因地制宜地推进担保业务；围绕东港草莓产业开展担保业务 6310 万元。同时，积极支持辽中妈妈街村肉牛（6163 万元）、兴城红崖子镇花生（3112 万元）、盘锦水稻（5652 万元）、朝阳三十家子镇肉牛（1950 万）等当地特色产业项目做大做强。四是促进了脱贫攻坚和农民增收致富。截至 2019 年 6 月，农业信贷担保业务覆盖全省（除大连市）13 个市、76 个县（市、区）、597 个乡镇，乡镇覆盖率为 75.8%，累计带动就业 2.2 万人，带

---

① 资料来源：辽宁省农业信贷融资担保有限责任公司。

动周边农户发展 7.4 万人，在促进经济效益提升的同时，形成了良好的社会效应。

2. "政银担"三方合作，助推乡村振兴

一是扎实推进"银担"合作。截至 2019 年 6 月，辽宁农业信贷担保体系已与中国农业银行、中国邮政储蓄银行等 26 家银行建立了业务合作关系，授信总额度为 353 亿元。在确保新型农业经营主体实际承担的综合信贷成本（服务费率、贷款利率、担保费率等各项之和）不超过授信额度 8% 的前提下，按利率浮动水平或出现风险代偿实行浮动分险模式，既调动了银行开展业务合作的积极性，又强化了银行的责任意识和风险意识。二是深入推进"政担"合作。由于成立时间短，对基层农业农村不太了解，辽宁农业信贷担保体系主动与地方政府及农业部门进行业务对接，了解辽宁农业农村生产实际，推介、宣传公司业务范围和担保服务产品。截至 2019 年 6 月，辽宁农业信贷担保体系已与沈阳、营口、阜新、盘锦、朝阳、葫芦岛 6 市以及海城、西丰、东港等 20 多个县建立合作伙伴关系，也与辽宁省农业农村厅、省林草局、省农科院等省直农口部门建立了合作伙伴关系。通过"政担"合作，辽宁农业信贷担保体系系统掌握了辽宁农业农村发展概况和发展趋势，丰富了客户来源渠道，同时积极争取政府有关部门密集出台的政策，形成财政资金"四两拨千斤"的牵动作用。辽宁农业信贷担保体系协助辽宁省财政厅制定、颁布了《辽宁省农业信贷担保政策性补助资金管理暂行办法》，该办法规定给予符合"双控"标准的新型农业经营主体适当担保费用奖补，达到了发挥农业信贷担保体系政策性属性的目的。三是积极探索多元合作。辽宁农业信贷体系与辽宁 12316 金农热线合作，利用其布局全省农村的 600 多户"农民之家"服务平台与新型农业经营主体直接连线，推出了服务于"农民之家"体系的"金农宝"小额担保贷款产品，并在海城市针对玉米、水稻两个品种，推出"政府+银行+担保+保险+期货"的"五方抱团"金融支农合作模式。

3. 创新农业信贷担保产品，着力满足客户多元需求

在促进辽宁全省农业产业兴旺和助推乡村振兴的背景下，完善农业信贷担保体系建设，应重视农业信贷担保体系的风险管理和产品创新，这就是担保中通常意义所说的"两手抓，两手都要硬"。在产品创新方面，辽宁农业信贷担保体系共研发四种担保产品：一是开发"快易宝"产品。针

对种植、养殖及农产品贸易类 50 万元以下小额贷款项目，以银行现场调查为主，公司重点审查业务资料的完整性及内容合规性，以降低成本、提高效率。截至 2019 年 6 月，"快易宝"产品累计担保额 3.74 亿元，项目数 1101 个，占累计担保总额的 20.5%，占累计担保笔数的 44.9%。二是基于核心企业上下游客户研发"联农宝"产品。针对农业核心企业推荐的优质客户，让核心企业承担一定的反担保责任，辽宁农业信贷担保体系提供低费率担保，协调银行提供低利率贷款。此模式可使小农户分享产业链增值收益，间接缓解核心企业资金压力。三是基于银行"白名单"客户研发"速捷宝"。为向有小额融资需求的优质新型农业经营主体提供更加便捷、优惠的信贷担保服务，通过研发"速捷宝"信贷担保产品，由银行完成尽职调查等审批程序，辽宁农业信贷担保体系在银行尽取调查基础上实行"见贷即保"。四是围绕助推涉农创业研发"创业宝"产品。为大力推进大众创业、万众创新，补齐农业发展内生动力不足短板，辽宁农业信贷体系对农村自主创业的农民和返乡创业的农民工提供担保额度一般不超过 15 万元的低息贷款，相关业务公司免收担保费。五是开发以财政补贴资金为还款来源的"财农宝"产品。该产品可解决享受政府支农补贴项目"先建后补"补贴方式带来的建设期资金紧张问题。

4. 风险管理体系进一步完善

在完善农业信贷担保风险管理体系方面，共采取四种措施：一是压实风险管控责任，树立、传导"合规经营、审慎稳健、全员参与、全程防控"的风险管理文化，加强员工在风险管理制度、政策和理念方面的培训。建立项目不良率与员工绩效考核和收入挂钩制度，对不良项目实行终身追责，不断压实风险管控责任。二是完善风险管控制度。对标监管部门要求、金融业专业做法和国家农担公司相关指引，制定了《辽宁农担公司风险管理制度》，对担保业务全流程、各管理环节进行更严格的规范性约束，对担保业务的调查、审查、评审、签约放款、保后管理、风险预警与处置、资产保全等方面进行明确规定，确保风险管控覆盖业务流程全过程、各环节。三是推进与银行风险分担。在贯彻"二八比例，浮动分险"原则的基础上，提出将"银担"双方的分险比例与年度实际代偿率、贷款利率上浮比例挂钩的合作模式，使辽宁农业信贷担保体系与银行成为利益共同体。这种模式是辽宁首创，受到国家农担公司的好评。四是增加风险储备金厚度。辽宁农业信贷担保体系加速计提各项风险准备金，按当年担保费收入的50%提取未到期责任准备金，按全年担保责任余额的2%提取担保赔偿准备金，按未分配利润的10%提取一般风险准备金。截至2019年6月，未到期责任准备金、担保赔偿准备金、一般风险准备金已累计计提6825万元，增强了辽宁农业信贷担保体系的自我救助和风险防控能力。

四、辽宁农业信贷担保体系受保项目情况

对辽宁农业信贷担保体系进行整体性的认知和分析，不仅需要从宏观视角对辽宁农业信贷担保体系进行定性分析，还要从微观视角对辽宁农业信贷担保整体项目进行定量分析，这样才能准确把握农业信贷担保体系的实践特征，从而对辽宁农业信贷担保体系现状有整体性把握。

1. *所属行业项目总体情况*

2017年6月至2019年7月，辽宁农业信贷担保体系受保项目排名前五名的情况：第一是肉牛，受保项目占总体受保项目比重为17.5%，共675个受保项目；第二是水稻，受保项目占总体受保项目比重为8.9%，共346个受保项目；第三是玉米，受保项目占总体受保项目比重为6.3%，共244个受保项目；第四是商品鱼（淡水鱼），受保项目占总体受保项目比重为6.2%，共238个受保项目；第五是草莓，受保项目占总体受保项目比重为4.8%，共186个受保项目（见表9-1）。从2017年6月至2019年7月的数据可以看出，辽宁农业信贷担保体系受保项目品种主要是授信肉牛养殖户、水稻和玉米种植户，除商品鱼（淡水鱼）和草莓外，高附加值和区域优势产业突出的农产品相对较少。

2017~2019年辽宁农业信贷担保体系受保项目呈逐年递增趋势。2017年下半年受保项目数为191个；2018年全年受保项目数为2273个；2019年1~7月，受保项目数为1403个。其中，2018年上半年受保项目数为794个，2018下半年受保项目数为1479个，2018年下半年较2017年下半年项目数增长率为674.4%。2019年1~7月较2018年上半年项目数增长率为76.7%（见表9-2）。

第九章 完善辽宁农业信贷担保体系

表9-1 所属行业项目总体情况

所属行业	项目数（个）	百分比（%）	累计百分比（%）	所属行业	项目数（个）	百分比（%）	累计百分比（%）	所属行业	项目数（个）	百分比（%）	累计百分比（%）	所属行业	项目数（个）	百分比（%）	累计百分比（%）
鹌鹑	1	0.05	0.05	江河、水库鱼	3	0.1	24.5	葡萄	17	0.4	38.4	水稻	346	8.9	85.0
白菜	1	0.05	0.1	辣椒	8	0.2	24.7	其他	40	1	39.4	饲料	36	0.9	85.9
板栗	2	0.1	0.1	蓝莓	112	2.9	27.6	其他	6	0.2	39.6	松子	9	0.2	86.1
北仓木	2	0.1	0.2	梨	67	1.7	29.4	其他经济作物	53	1.4	40.9	桃子	8	0.2	86.3
贝类	5	0.1	0.3	林下参	133	3.4	32.8	其他菌类	59	1.5	42.5	五味子	1	0.05	86.45
蚕	181	4.7	5	零售	2	0.1	32.9	其他禽类	5	0.1	42.6	西瓜	6	0.2	86.5
草莓	186	4.8	9.8	鹿	2	0.1	32.9	其他水产	65	1.7	44.3	虾	18	0.5	87.0
大蒜	1	0.05	9.85	驴、马	12	0.3	33.2	其他畜类	6	0.2	44.4	向日葵	20	0.5	87.5
蛋鹅	14	0.4	10.2	马铃薯	3	0.1	33.3	其他养殖	7	0.2	44.6	小麦	2	0.1	87.6
蛋鸡	125	3.2	13.4	猕猴桃	4	0.1	33.4	中草药	34	0.9	45.5	蟹	29	0.7	88.3
蛋鸭	29	0.7	14.2	蜜蜂	1	0.05	33.45	粮食	7	0.2	45.7	杏	1	0.05	88.35
豆类	8	0.2	14.4	棉花	1	0.05	33.6	水果	40	1	46.7	休闲农业	2	0.1	88.4
番茄	6	0.2	14.5	苗木	35	0.9	34.4	茄子	4	0.1	46.8	羊	59	1.5	89.9

· 153 ·

续表

所属行业	项目数（个）	百分比（%）	累计百分比（%）	所属行业	项目数（个）	百分比（%）	累计百分比（%）	所属行业	项目数（个）	百分比（%）	累计百分比（%）	所属行业	项目数（个）	百分比（%）	累计百分比（%）
高粱	9	0.2	14.8	蘑菇	17	0.4	34.8	肉鸡	3	0.1	46.9	樱桃	3	0.1	90.0
社会化服务	13	0.3	15.1	木耳	3	0.1	34.9	肉鸡	165	4.3	51.1	玉米	244	6.3	96.3
观赏鱼	3	0.1	15.2	奶牛	17	0.4	35.3	肉牛	675	17.5	68.6	杂粮	24	0.6	96.9
海参	1	0.05	15.25	农机具	12	0.3	35.6	肉鸭	1	0.05	68.65	榛子	4	0.1	97.0
红薯	10	0.3	15.5	农机其他	1	0.05	35.75	淡水鱼	238	6.2	74.8	种子	7	0.2	97.2
狐狸、貂	116	3	18.5	农药	1	0.05	35.8	海鱼	39	1	75.8	猪	108	2.8	100
花生	174	4.5	23	农业生产	41	1.1	36.7	涉农工业	4	0.1	75.9	合计	3868	100	100
化肥	57	1.5	24.4	批发	16	0.4	37.2	食用菌	4	0.1	76				
黄瓜	1	0.05	24.6	苹果	30	0.8	37.9	兽药	1	0.05	76.5				

表 9-2 2017 年 6 月至 2019 年 7 月受保项目情况

放款年月	受保项目数（个）	百分比（%）	放款年月	受保项目数（个）	百分比（%）	放款年月	受保项目数（个）	百分比（%）
201706	8	0.2	201801	31	0.8	201901	89	2.3
201707	6	0.2	201802	20	0.5	201902	71	1.8
201708	54	1.4	201803	155	4	201903	260	6.7
201709	64	1.7	201804	118	3.1	201904	207	5.4
201710	34	0.9	201805	244	6.3	201905	249	6.4
201711	21	0.5	201806	226	5.8	201906	339	8.8
201712	4	0.1	201807	240	6.2	201907	188	4.9
合计	191	5	201808	316	8.2	合计	1403	36.3
			201809	660	17.1			
			201810	78	2			
			201811	103	2.7			
			201812	82	2.1			
			合计	2273	58.8			

从 2017 年 6 月至 2019 年 7 月来看，辽宁农业信贷担保体系项目受保旺季在每年 3~9 月，其中 9 月受保项目数达到全年受报项目数峰值，达到 724 个，占全部项目数比重为 18.7%；10 月至次年 2 月为项目受保淡季，其中 12 月受保项目数为全年最少，达到 86 个，占全部项目数比重为 2.2%（见图 9-1）。在项目受保旺季，在保证辽宁农业信贷担保体系正常运行的前提下，决策层可以尽可能地安排体系内部相关人员进行担保产品宣传和推广、开展业务、对受保项目进行风险管控；在项目受保淡季，一线业务人员决策层可以调配相关部门人员进行产品设计研发、试运行，同时对业务人员进行轮岗制培训。这为决策层在农业信贷担保体系试运行时间调配方面提供了科学有效的决策依据。

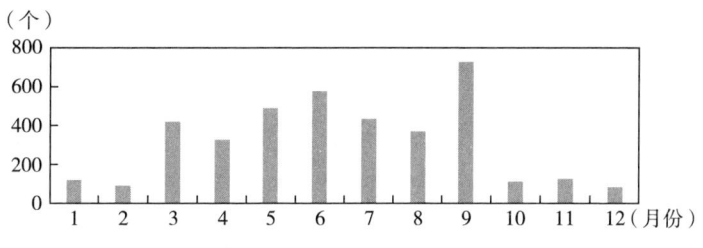

图 9-1 2017 年 6 月至 2019 年 7 月受保项目月份分布情况

2. 主要受理业务行业情况

根据辽宁农业信贷担保体系的受保项目所属行业总体情况，本篇选取了受保项目排名前三的肉牛养殖户、水稻和玉米种植户作为分析对象。在三种受保客户类型中，肉牛养殖户受保项目数超过了水稻和玉米种植户的受保项目数之和（见图9-2）。

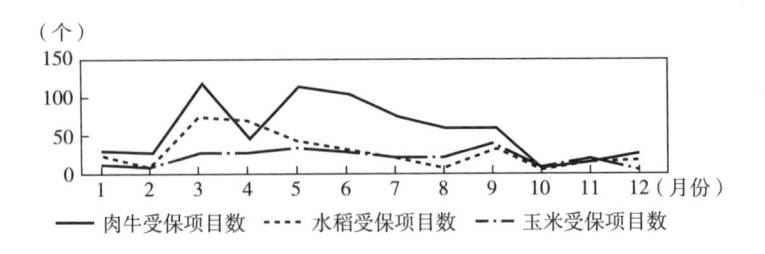

图9-2 2017年6月至2019年7月主要受理业务项目情况

畜牧养殖业属于我国农业的支柱性产业。根据国家统计局发布的2018年全国31个省级行政区（不含港澳台地区）的牧业总产值数据，辽宁省的牧业总产值排名全国第8位，是名副其实的牧畜业大省，而肉牛行业又是辽宁省畜牧行业的支柱产业。但是畜牧养殖行业又是高风险行业，因为养殖的动物之间的疫病传染性极高。2017年6月至2019年7月，辽宁省肉牛产业受保项目数排名前五的分别是沈阳市、鞍山市、阜新市、朝阳市、铁岭市。沈阳市受保项目数为230个，占肉牛项目总数的34.1%；鞍山市受保项目数为124个，占肉牛项目总数的18.4%；阜新市受保项目数为70个，占肉牛项目总数的10.4%；朝阳市受保项目数为67个，占肉牛项目总数的9.9%；铁岭市受保项目数为66个，占肉牛项目总数的9.8%（见图9-3）。

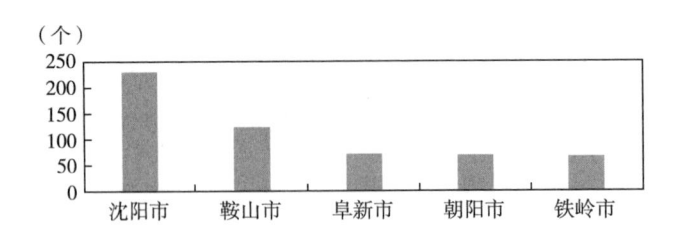

图9-3 2017年6月至2019年7月肉牛产业受保项目城市分布

辽宁省是我国重要的粮食主产区,随着科学技术日新月异的发展,水稻已经渐渐成为辽宁省重要的高附加值粮食作物。新型农业经营主体将稻田埝埂上种上大豆并养殖螃蟹,使水稻、大豆、螃蟹共生并存。这种种养结合模式使农业用地使用效率得到大幅提升,同时这种养殖方式对于提升当地的经济效益、生态效益和社会效益具有显著的效果,被当地形象地称为"稻蟹共生"。目前,这种模式在辽宁省内作为示范水稻种植模式典型被推广至沈阳市、辽阳市、东港市、台安县、辽阳县、法库县和大洼县,推广总面积达到100万亩。2017年6月至2019年7月,辽宁省水稻产业受保项目数排名前五的分别是盘锦市、丹东市、沈阳市、鞍山市、铁岭市。盘锦市受保项目数为117个,占水稻产业项目总数的33.8%;丹东市受保项目数为73个,占水稻产业项目总数的21.1%;沈阳市受保项目数为53个,占水稻产业项目总数的15.3%;鞍山市受保项目数为51个,占水稻产业项目总数的14.7%;铁岭市受保项目数为19个,占水稻产业项目总数的5.5%（见图9-4）。

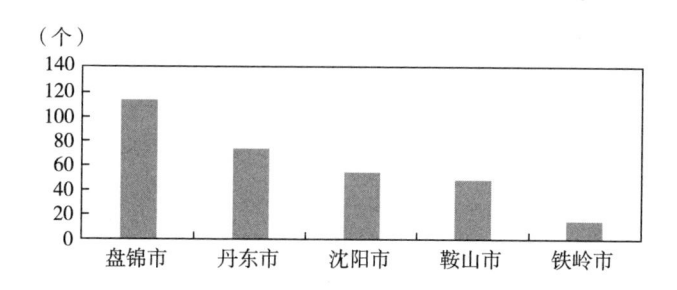

图9-4 2017年6月至2019年7月水稻产业受保项目城市分布

玉米是辽宁省的第一大农作物,播种面积一直居高不下。2000~2016年辽宁玉米种植情况数据显示,玉米的播种面积是呈逐年上升趋势的。尤其是在2008年出台了玉米临储政策之后,玉米的收购价格有了保障,农民开始扩大玉米种植规模。2015年,国家又取消了临储政策,以达到调整玉米产能的目的。2017年6月至2019年7月,辽宁省玉米产业受保项目数排名前五的分别是沈阳市、铁岭市、鞍山市、朝阳市、丹东市。沈阳市受保项目数为55个,占玉米产业项目总数的22.5%;鞍山市受保项目数为52个,占玉米产业项目总数的21.3%;阜新市受保项目数为36个,占玉米产业项目总数的14.8%;朝阳市受保项目数为31个,占玉米产业项目总数的12.7%;铁岭市受保项目数为 23 个，占玉米产业项目总数的 9.4%（见图 9-5）。

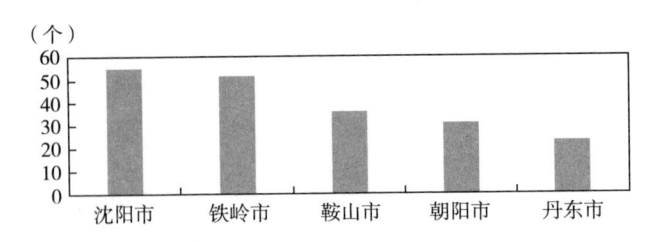

图 9-5　2017 年 6 月至 2019 年 7 月玉米产业受保项目城市分布

3. 客户获取渠道情况

2017 年 6 月至 2019 年 7 月，辽宁农业担保体系共受理担保项目 3867 个。其中，受理银行推荐项目 3605 个，占共受理项目的 93.2%；受理合作企业推荐项目 108 个，占共受理项目的 2.8%；受理地方政府推荐项目 88 个，占共受理项目的 2.3%；受理自主开发项目 34 个，占共受理项目的 0.9%；受理畜牧局推荐项目 2 个，受理供销社推荐项目 1 个，受理海洋渔业厅推荐项目 1 个，受理高校等推荐项目 1 个，合计占共受理项目的 0.1%；通过其他渠道受理项目 27 个，占共受理项目的 0.7%。由此我们可以看出，2017 年 6 月至 2019 年 7 月是辽宁农业信贷担保体系的发展初期，由于建立时间尚短，因此获取客户的主要渠道是银行推荐（见图 9-6）。

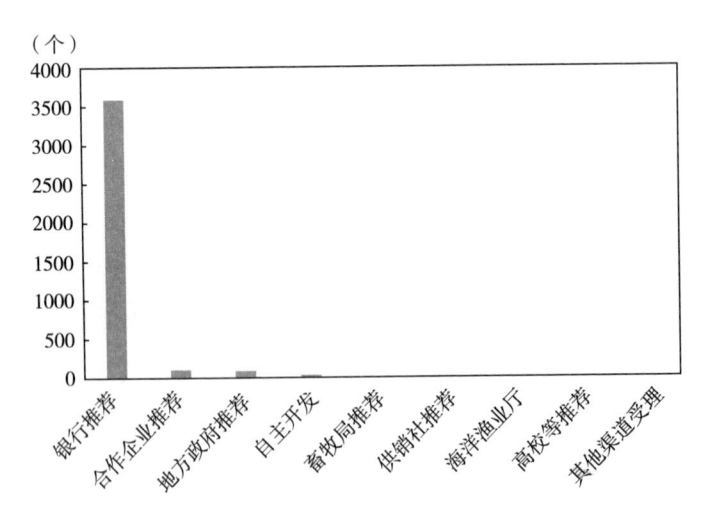

图 9-6　获取客户渠道情况

第二节 辽宁农业信贷担保体系良性发展需解决的关键问题

理清农业信贷担保体系服务对象的需求、农业信贷担保体系自身存在的问题和地方政府支持农业信贷担保体系良性发展亟待解决的关键问题，对积极发展农业信贷担保，大力推进乡村产业兴旺、促进农民增收具有重大意义。经过大量走访调研发现，在实践中农业信贷担保体系应解决三个维度的关键问题。

一、新型农业经营主体对农业信贷担保产品的新需求

1. 较高授信额度的担保需求

新型农业经营主体在农业生产经营过程中，资金投入主要集中在以下三个方面：一是农业生产经营前期的固定资产投入，资金用于支付农业用地经营权流转费用、购置农业生产用具等；二是农业生产运营资料投入，即购买生产原材料、支付人工薪酬、防御病虫害等费用支出；三是农业生产经营后期投入，资金主要用于农产品收购、储藏和运输以及精深加工等。据测算，支持新型农业经营主体发展的授信额度应在 500 万~1000 万元。然而，目前农业信贷担保体系尚处于业务探索阶段，为了让新入职的一线业务员熟悉担保业务流程，降低农业信贷担保项目风险，授信额度控制在 10 万~100 万元，而这难以满足新型农业经营主体较高额度的信贷需求。

2. 创新抵押担保物需求

在现行法律法规约束下，新型农业经营主体可供抵押、质押的一般固定资产是农机、农具等，价值较低且不易变现，难以符合法律意义上的抵押、质押担保品要求，致使辽宁农业信贷担保体系主要采用保证担保和信用担保两种担保方式，而保证担保和信用担保无疑增加了农业信贷担保的项目风险，缩小了受保新型农业经营主体范围。现阶段，辽宁农村土地确权工作已经完成，但农业用地经营权、林业用地经营权、农产品存货并未纳入辽宁农业信

贷担保体系抵押、质押担保品范畴。更为重要的是，现阶段辽宁政府已经制定了在未来五年发展规划中加强辽宁农产品品牌建设、实施农业品牌提升行动的战略方针，但是辽宁农业信贷担保体系并未将农产品品牌纳入抵押、质押担保物范畴。

3. 符合新型农业经营主体的担保产品需求

现阶段，辽宁农业信贷担保体系针对新型农业经营主体提供以下四种担保产品：一是针对种植、养殖及农产品贸易类50万元以下小额贷款项目的"快易宝"；二是基于核心企业上下游客户研发的"联农宝"；三是基于银行"白名单"客户研发的"速捷宝"；四是围绕助推涉农创业研发的"创业宝"；五是以财政补贴资金为还款来源研发的"财农宝"产品。但是，农业信贷担保体系在实际运作过程中，合作银行相继推出"白名单""极速贷""流水贷""信用村""惠农易贷"以及"三户联保"等业务和金融产品，以替代辽宁农业信贷担保体系，致使合作银行不再需要辽宁农业信贷担保体系提供担保授信，造成银行产品与辽宁农业信贷担保体系自身产品存在竞争关系的局面，而辽宁农业信贷担保体系的应对策略只是盲目地去市场找项目、抢项目，并没有找到应对竞争的方向和突破口。

二、农业信贷担保体系自身存在的问题

1. 对农业产业发展和布局引导不足

辽宁省各类农产品资源十分丰富，水果、蔬菜、玉米、水稻、海产品、养殖业等产品总量均排在全国前列。但是由于不同区域自然资源禀赋差异明显，致使不同农业产业在经济区位分布各异。例如，辽南、辽西特色水果产区在全国都是优势产区，水稻产业区只有一些中小型大米加工企业；辽宁海产品资源品质优良，产量丰富，但缺少领军型海产品加工基地。辽宁农业信贷担保体系在2017~2019年的运作过程中，共授信3868户新型农业经营主体，93.2%的担保项目为银行推荐，其中种植、饲养类新型农业经营主体为2601户，占总体的67.2%。在这一运作过程中，辽宁农业信贷担保体系只是将银行等金融机构推荐的优质客户采取现场调查和专家打分的方式方法进行再次筛选，从而决策是否给予和调整新型农业经营主体授信额度。现阶段，辽宁农业信贷担保体系并未站在一个宏观的角度，利用自身优势，以农业信

贷担保体系为抓手，调整辽宁种植业和畜牧业生产结构，致使产业发展和布局不合理，没有充分考虑到不同区域、不同产业在经济区位、优势资源条件水平等方面的差异，没有使农产品产业在优势区取得重点突破和重点产业的梯次推进。

2. 特色产业受保客户比例有待提高

目前，辽宁农业信贷担保体系在综合考虑地方政府积极性、农业产业体量、地理区位等因素的前提下，在海城市、阜新市、朝阳市、鞍山市、本溪市、沈阳市、盘锦市等8个县（市）设立区域性县级办事处。除东港办事处外，其余7个县（市）受保项目依然以肉牛养殖业、水稻和玉米种植业为主，并没有突出对地方特色产业的支持。在接下来的工作中，辽宁农业信贷担保体系特色产业受保客户比例有待进一步提高。

3. 堵、疏结合的风险管理体系亟待建立

虽然辽宁农业信贷担保体系积极引进了重庆农业信贷担保公司风险管理系统，并且通过两年的农业信贷担保体系运作实践不断完善风险管控制度，对担保业务全流程、各管理环节进行了更加严格的规范性约束，进而总结出了一套富有辽宁特色的农业信贷担保风险识别和预警体系，但是辽宁农业信贷担保体系在两年的运行过程中依然发生了代偿项目21笔、代偿金额1224万元的农业信贷担保风险。在追偿过程中，普遍存在被担保人还款意愿较差，反担保人以不知情为由，不愿承担保证责任的难题，辽宁农业信贷担保体系只能被动地由办事处工作人员及律师配合法院法官执行追偿权利，而没有更加积极的应对策略。

4. 一线工作人员专业技能有待提升

农业信贷担保行业属于专业化程度较高的金融服务行业，辽宁农业信贷担保体系一线业务人员不仅需要在农村财政、农村金融、企业财务报表分析、农业信贷担保产品设计、农业信贷担保风险管理、担保法律等方面进行知识储备，还需要高度熟悉新型农业经营主体生产经营过程中每个环节的运作流程和当地市（县）农业市场宏观经济运行规律。目前辽宁农业信贷担保体系各分支机构从业人员的专业水准整体不容乐观，领导班子成员多是从财政部门、农业部门等机关和事业单位调转而来，虽具有较为丰富的实际工作经验，但缺乏应对来自金融市场竞争的工作经验。同时，新员工入职不久，在开展业务、防控风险等方面知识储备还存在很大不足。

5. 政策性属性与市场经济规律背离

辽宁农业信贷担保体系机构设置属性为政府控股的企业法人作为出资人，具有独立法人资格，这种机构设置模式是以政府财政预算拨款组建农业信贷担保体系，优点在于可以合理使用政府信用吸引金融机构金融资本和新型农业经营主体申保，不仅可以遵循市场经济内在运行机制，还可以有效发挥政府财政资金的导向性作用和乘数效应，以此体现辽宁农业信贷担保体系的政策性属性。现阶段，辽宁农业信贷担保体系实行由地方政府推荐担保项目，银行等金融机构出资，担保体系提供授信的"政府+银行+担保"的三方合作模式，以支持地方政府施行"一县一业""一村一品"为路径，积极推进担保业务开展。

三、地方政府支持农业信贷担保体系良性发展亟待解决的问题

1. 针对新型农业经营主体的信用体系不健全

农业信贷担保体系主要采用信用担保和保证担保两种担保形式，为防止债务人出现道德风险，针对新型农业经营主体建立征信体系便显得尤为重要。然而，现阶段农村面临着征信体系不完善、新型农业经营主体缺乏信用知识、企业法人代表信用保护意识差、农村征信体系法律法规不健全等问题。

2. 政策性农业保险覆盖面不足

目前，中央和地方财政推出以保障民生和粮食安全为目的的补贴险共15种，只覆盖到种植类（水稻、小麦、玉米等）和养殖类（肉牛、生猪等），而对于一些具有高附加值的水果、花卉、森林种植物等农产品缺乏相应的农业保险产品。因此，辽宁农业信贷担保体系缺少外部对于平衡和保障新型农业经营主体生产经营过程中遇险的化险自救措施。

第三节 国外农业信贷担保体系建设镜鉴

虽然不同国家或地区的农业信贷担保体系在运作模式、组织结构、职能

定位、资金来源等方面不尽相同，但是都以撬动信贷资金流入农业领域、满足新型农业经营主体的融资需求为根本宗旨，且有许多相通之处。这对构建适合我国国情的农业信贷担保体系有许多有益的启示和借鉴。

一、政策性属性的美国农业信贷担保体系

农业信贷担保体系是西方国家农场的主要授信体系（国外农业中是没有"新型农业经营主体"一词的，西方国家的农场、日本的合作社等就相当于我国的新型农业经营主体）。在这个授信体系中，各国政府依据国家担保法律法规，以农业信贷担保体系为抓手，授信农场相应信贷担保额度。目前较具代表性的政策性农业信贷担保体系主要是美国、德国、日本等国家。

1. 美国农业信贷担保体系概况

美国农业信贷担保体系成立于1953年，在全美有2000多个分支机构，并与950个研究中心有业务联系，同时有13000名退休职业经理人、会计师、金融分析师、法律等相关专业人才为农场管理者免费提供发展战略规划、账目审计、现金流量分析、贷款以及制定预算等服务咨询。美国农业信贷担保体系资本金来源有别于日本、韩国等亚洲国家，由国家和地方各级财政共同承担，美国农业信贷担保体系主要依靠联邦和州政府各级财政拨付，因此美国农业信贷担保体系带有先天的政策性属性。目前，美国农业信贷担保体系共为15万多家农场授信超过360亿美元担保额度，对受保项目设定的担保费率为年承保额的2%，需要特别注意的是，美国农业信贷担保体系不对受保项目提供全额担保。美国农业信贷担保体系对15万美元以下的贷款授信提供90%的担保额度，而对15万～75万美元的贷款只授信85%的担保额度。

2. 美国农业信贷担保体系发展的特点

（1）受保客户资格条件明晰。为确保担保贷款真正用于有发展潜力的农场，美国对受保农场的资格条件作出了如下限定：一是要求农场必须拥有一定数额的自有资金，以保证农场生产经营活动的正常运营；二是要求农场的现金流量在偿还所有债务的前提下还能够偿还担保贷款，以降低代偿风险；三是农场管理者必须能够提供一定价值的抵押、质押担保物。

（2）依据受保客户资金用途进行分类管理。美国农业信贷担保体系在充分考虑农场的资金需求特点的基础上，还会兼顾不同种类农场的经营特点，设置了流动资金贷款担保、固定资产贷款担保和风险投资担保等不同的业务种类。根据各种类型担保业务的侧重点，施行不同的管理办法。

二、政府主导的德国农业信贷担保体系

1. 德国农业信贷担保体系概况

从1954年开始，由德国联邦政府和各州政府基于同业行会建议，以政府为主导，构建了符合德国国情的农业信贷担保体系，履行授信农场100万欧元以内担保额度的融资性职能。1991年，又在联邦新州构建了相同性质的农业信贷担保体系。德国农业信贷担保体系业务覆盖全德国16个州，主要集中于贷款金额在100万~1000万欧元的农场。之后基于20世纪90年代"担保国家"理念，德国把本国农场作为社会公共品资源，将为农场发展提供金融支持作为国家理应承担的义务。

2. "以人为本"的农业信贷担保体系

德国农业信贷担保体系以2005年作为自身发展转型的分水岭。2005年之前农业信贷担保贷款持续上升，在此阶段，德国农业信贷担保体系将农业用地作为担保贷款的最主要抵押品。2005年之后，农业信贷担保贷款有回落趋势，德国农业信贷担保体系已开始将传统固定资产抵押转变为一般资产抵押，其中将农场管理者的管理才能是农场能否获得担保贷款的重要衡量指标。

三、地方政府大力支持的日本农业信贷担保体系

1. 日本农业信贷担保体系概况

日本农业信贷担保体系形成的最初动因是与农地改革紧密联系在一起的。截至2013年，日本农业信贷担保体系的分支机构几乎覆盖了全部农村地区，贷款担保不以追求盈利为目的，主要服务于合作社投资各项农业事业等，日本农业信贷担保体系的担保利率一般也比其他银行低0.1个百分点。

2. 地方政府与农业信贷担保体系的关系

日本金融业把商业性信贷担保与政策性信贷担保分开。日本农业信贷担保体系属性为政策性信贷担保体系。政府在日本农业信贷担保体系运作过程中发挥的作用：一是根据法律确立日本农业信贷担保体系作为公共法人的法

律地位和运行规则。二是政府主管部门首先对日本农业信贷担保体系的建立、规章制度和运营办法进行核准；其次对农业信贷担保体系运行的执行情况进行监督，制定相关的运营条例约束日本农业信贷担保体系参照施行；最后依法对农业信贷担保体系的财产、经营、债务进行检查，对违法、违章等行为进行监督并做出相应处罚。三是政府财政对日本农业信贷担保体系提供资金支持，但政府不干涉农业信贷担保体系的经营决策。

第四节 国内农业信贷担保体系先进实践经验借鉴

截至 2017 年 9 月底，全国农户家庭农场已超过 87 万家，依法登记的农民合作社达 196.9 万家，是 2012 年的 2.86 倍，是 2007 年的 76 倍，特别是 2012~2016 年年均增速达到 37.2%，入社农户超过 1 亿户，占全国总农户数的 46.8%，社均成员约 60 户。农业产业化组织数量达 41.7 万个，比 2015 年底增长 8.01%，其中，农业产业化龙头企业达 13.03 万个，同期增长了 1.27%。农业产业化龙头企业年销售收入约为 9.73 万亿元，增长了 5.91%，销售收入 1 亿元以上的农业产业化龙头企业数量同比增长了 4.54%，农业产业化龙头企业固定资产约为 4.23 万亿元，增长了 3.94%。农业社会化服务组织超过 115 万个，服务领域覆盖种植业、养殖业、渔业等，有力地推动了农业农村的现代化进程。

截至 2019 年 3 月，为贯彻落实党中央、国务院决策部署，各级财政出资约 620 亿元，其中中央财政出资 544 亿元，用于建构国家和省级农业信贷担保体系。国家农业信贷担保联盟有限责任公司经报国务院批准，于 2016 年 5 月成立，是全国农业信贷担保体系在国家层面的实体金融机构。同时，在省级层面，建立了 33 家省级农业信贷担保体系，截至 2019 年 9 月底已设立分支机构 521 家，与地方政府或其他金融机构合作设立 1017 家业务网点，基本覆盖全国主要农业市（县）。同时，财政部会同农业农村部、原银保监会，要求农业信贷担保体系业务必须聚焦于支持农业适度规模经营，不得开展任何非农业务，对于新型农业经营主体贷款在 10 万~300 万元的业务量不得低于总担保业务规模的70%,在聚焦农业政策的同时,降低农业信贷担保体系风险,以保证农业信贷担保体系政策性职能和可持续运营的动态平衡。

一、重庆农业信贷担保体系

1. 重庆农业信贷担保体系概况

重庆农业信贷担保体系自2006年成立以来就一直致力于解决农业产业发展的融资瓶颈问题,找准着力点,服务对象聚焦在种养大户、家庭农场、农民合作社、农业社会化服务组织、小微农业企业等新型农业经营主体,提供综合性农村金融服务,让他们贷得到钱、用得起钱、用得好钱。重庆农业信贷担保体系目前在保余额30.7亿元,共7502个项目;已累计为12739个项目提供担保贷款146.2亿元。重庆农业信贷担保体系利用互联网、大数据等信息技术手段,变与银行的"一对一"合作为"互联网+"担保的"一对多"合作,搭建了"哈哈贷""放心投"等互联网农业金融平台,同时积累了新型农业经营主体的借贷和交易数据,构建了符合自身发展特征的农业信用体系。

2. 地区全覆盖、政策导向明确的巴渝模式

试点之初,重庆在全市确定128个农村产业融合发展试点乡镇。重庆农业信贷担保体系紧贴时代脉搏,围绕农业供给侧改革这条主线,积极探索财政撬动金融支农的创新机制,及时发布了《农村一二三产业融合发展试点实施方案》和三产融合的政策性融资担保产品目录,将服务范围锁定为粮食生产、畜牧水产养殖、菜果茶等农林优势特色产业,农资、农机、农技等农业社会化服务,农田基础设施,以及与农业生产直接相关的一二三产业融合发展项目和家庭休闲农业、观光农业等农村新业态。

二、黑龙江省农业信贷担保体系

1. 黑龙江省农业信贷担保体系概况

截至2018年末,黑龙江农业信贷担保体系累计授信贷款担保额度为122.5亿元,在保余额53.67亿元。黑龙江农业信贷担保体系新增担保额42亿元,在保余额53.67亿元,惠及农民23.23万户,客户平均融资成本6.40%,平均担保费率1.25%。其中,市县分支机构新增担保额26.94亿元,

占黑龙江农业信贷担保体系全部新增担保额的64.14%；在保余额28.69亿元，占黑龙江农业信贷担保体系全部在保余额的53.46%。市县分支机构服务农业作用日渐凸显，嫩江、桦南、海伦、青冈四家县级分支机构2018年度担保业务分别突破亿元，其中，嫩江新增担保额突破2亿元。

2. 专业化程度高、业务内容丰富的运营模式

黑龙江农业信贷担保体系依法为从事农业的各类新型农业经营主体提供相关授信额度服务。其中，业务范围包括以下三点：一是涉农融资担保、再担保，农业债券发行担保，农业相关的投标、预付款、履约担保；二是为新型农业经营主体提供与农业相关的融资咨询、财务顾问等中介服务；三是在监管部门监督下，使用自有盈利资金对农业项目进行投资。

三、安徽农业信贷担保体系

1. 安徽省农业信贷担保体系概况

安徽省农业信贷担保体系隶属于安徽省财政厅，注册资本为20亿元。截至2017年末，安徽省农业信贷担保体系已累计为7355户新型农业经营主体授信35.2亿元信贷担保额度，业务覆盖全省68个县（市、区）。其中，70%的新型农业经营主体通过担保授信的方式首次获得金融机构的金融支持。2017年末，在保余额为22.18亿元，在保户数5221户，累计代偿291万元，代偿率0.23%，代偿追回65万元，追偿率22%，全年化解风险项目24个，涉及金额628万元。

2. "信用至上"的特色运营模式

安徽省农业信贷担保体系的特色农业信贷担保产品"劝耕贷"秉持了成长优先、信用为王、降低成本、纾解难贵、量身定做、提前授信服务"三原则"，将业务流程分为了乡镇摸底、客户收集、建档立卡、持续完善、梳理信息、项目分类、融资对接、项目筛选、项目推荐、银行尽职调查，公示审核、贷款审批、集中签约、落实放款、跟踪服务、保后管理"八步骤"工作流程。截至2019年9月底"劝耕贷"业务累计为13263户新型农业经营主体授信近60亿元担保贷款额度，业务范围已覆盖安徽省的745个乡镇，占全省乡镇总数的59.6%，业务覆盖全省80个县（区）。

第五节　完善辽宁农业信贷担保体系可持续发展的战略规划

我们既要对农业信贷担保体系进行整体性的认知和分析，又要把握农业信贷担保体系的实践特征，这样才能对当前农业信贷担保体系健康、可持续发展有所借鉴。

一、以服务新型农业经营主体为本

1. 提高金融信贷资金支农效率

辽宁农业信贷担保体系应在两个方面提高金融信贷资金支农效率：一是实现担保产品"精准供给"，结合新型农业经营主体对资金需求的长期性、规模性、季节性等特征，鼓励农业信贷担保体系通过灵活的抵押担保方式降低担保授信门槛，以打破新型农业经营主体信贷配给壁垒。二是实现担保对象"精准扶持"，鼓励农业信贷担保体系对新型农业经营主体给予更优惠的担保支持，促进传统农业向现代农业转型升级，进而形成农业信贷担保体系与新型农业经营主体之间的长效互动机制。

2. 创新贷款抵押担保方式

鼓励农业信贷担保体系通过灵活的市场感知能力，放宽金融抵押担保品范畴。农产品品牌发展是提高农业效益、提升农产品市场竞争力的关键因素。辽宁省政府已经将优化农产品品牌标识，立足区域资源，突出产业特点，打造一批区域公用品牌，立足生态环境保护和绿色优质生产，打造一批大宗农产品品牌、特色农产品品牌，同时发挥农业龙头企业和合作社组织化、产业化优势，打造一批知名企业、合作社品牌，以及推进区域农产品公共品牌建设，支持地方以优势企业和行业协会为依托打造区域品牌提上了日程。农业信贷担保体系作为政策性金融机构，放宽现行法律中关于农村抵押担保物的范围，重点将新型农业经营主体的农产品品牌等纳入抵押担保范围也势在必行。同时，我国实行农业用地"三权"分置的初衷之一就在于给予农民将土地经营权用于抵押的权利，以满足农民的金融需求。辽宁农业信贷担保体系应开展切实有效的土地经营权、林权、农产品存货抵押等，同时尽快修改和完善农地制度以及确立相关农地抵押法律法规，包括建立有效的农村土地信用市场及相应的土地价值评估机构。

3. 巧抓农业生产经营规律

合作银行之所以可以快速对市场竞争做出反应，迅速推出替代农业信贷担保体系的金融业务和产品，追根究底在于合作银行经过多年农村金融市场实践，深谙农业市场运行之道、农村社会风俗习惯和农民生产经营活动规律。经过长期合作，合作银行也熟悉了农业信贷担保体系的运作模式，而农业信贷担保体系推出的四种农业信贷担保产品都是以银行推荐为基础，尽可能缩短农业信贷担保业务流程，以达到解决新型农业经营主体"融资慢"问题的目的。在接下来的产品研发中，建议农业信贷担保体系抓住新型农业经营主体生产经营中季节性、周期性的规律，适时推出农业信贷担保产品。以目前农业信贷担保体系受理排名前三的肉牛行业为例，肉牛项目受理时间集中于每年的3~9月，那么在当年10月至次年2月，辽宁农业信贷担保体系应将工作集中在以下五个环节：第一，在当年10月（肉牛养殖户受理项目最少），以申请担保授信的肉牛养殖户作为主要研究对象进行调研；第二，当年11月针对调研中发现的问题推出适合肉牛养殖户的担保产品；第三，当年12月将担保产品在申请担保授信的肉牛养殖户中进行小范围的试用；第四，次年1月，项目经理对受保肉牛养殖户进行回访，农业信贷担保体系获得项目经理反馈后对担保产品进行修正调整；第五，次年2月，对担保产品进行大范围宣传、推广。

二、切实提高农业信贷担保体系运行效率

1. 有效调整辽宁农业产业结构和布局

地方政府在农业产业转型、升级过程中发挥着至关重要的作用。辽宁政府可以将农业信贷担保体系作为促进现代农业产业结构调整的抓手，加强辽东地区红松果材兼用林、板栗、猕猴桃等特色经济林和辽西北地区榛子、核桃、大枣、杏等特色经济林经济基地建设，同时引导畜禽生产向玉米主产区、环境承载能力强、区位优势明显的区域转移，有针对性地在不同地区培育不同数量、规模、类型的新型农业经营主体，从而调优品种结构优化和促进规模经营，达到逐步提高林下经济质量和效益，提升现代化养殖占比和装备水平的战略目的。

2. 革故鼎新，多方协作打破路径依赖

落实普惠金融发展专项资金，引导商业性金融机构向农村重点地区倾斜，以此为导向，确定农业信贷担保体系重点担保地域。同时，运用新型农业经营主体信息直报系统和农业信贷担保体系现有数据库，精准定位进行粮食生产和发展种养规模化生产以及与农业生产直接相关的一二三产业融合发展项目的新型农业经营主体，从而建立优质客户"白名单"，给予优质客户一定授信额度，从而达到与优质客户建立长期、稳定的合作伙伴关系的目的。

3. 建立科学合理的风险防范机制

现阶段，农业信贷担保风险管理体系应同时聚焦风险处理的两个方面：一是"堵"，即建立科学合理的风险预警、评价体系。在建立农业信贷担保风险预警和评价体系的过程中，应将以下两点纳入考虑范畴：第一，按照农业产业链的不同进行细分，根据政策走向规划出若干个一级行业和二级子行业，建立针对不同规模种、养殖户的风险评价指标模型；第二，将"必须带动一定数量的小农户发展，增加小农户生产经营性收入"作为新型农业经营主体获得授信额度的评价标准。二是"疏"，即借鉴重庆农业信贷担保体系，以服务新型农业经营主体为宗旨，充分利用电商平台、线上线下融合"互联网+"等新兴手段，合理利用辽宁农业信贷担保体系的政府信用优势，向相关农产品博览会、农贸会、展销会等渠道积极推荐受保新型农业经营主体的农产品，帮助受保新型农业经营主体做好品牌市场营销，打开销路，提升农产品利润，讲好辽宁农产品品牌故事，从而达到最终提升辽宁农业信贷担保体系的影响力和传播力的目的。

4. 遵循市场经济规律，支持优势产业发展

辽宁农业信贷担保体系应对地方政府大力引进目标市场的农产品贸易销售企业提供一定的担保授信额度，帮助地方政府引导和支持引进的农业企业以多种形式参与建设辽宁生产基地等，形成政府、银行等金融机构、农业信贷担保体系、农产品贸易销售企业四方紧密合作的利益联结机制，从而打开辽宁农产品产销加、贸工农合作化、就地化的新局面。这样既能充分利用市

场机制的自发调节作用，更好地配置社会资源，又能避免政府的直接过度干预，抑制了某些地方政府的寻租行为，从而更加有效地发挥辽宁农业信贷担保体系的金融杠杆作用，更好地实现辽宁农业信贷担保体系责任、权利、利益的高度统一，使辽宁农业信贷担保体系贯彻辽宁地方产业政策建立在市场行为的基础之上。

5. 专业分工细化，培养个人单项业务能力

众所周知，农业信贷担保行业是一项高度专业化、综合性的金融服务行业，农业信贷担保体系业务人员不仅需要熟练掌握农村财政、农村金融、企业财务报表分析、农业信贷担保产品设计、农业信贷担保风险管理、担保法律等方面的知识，还要高度熟悉新型农业经营主体每个环节的运作和当地县（市）农业市场运行与政策执行情况。在不引进担保业务人员的情况下，使一线业务人员快速掌握并熟练运用农业信贷担保所有相关知识和技能显然是不切实际的，也是一种资源浪费。因此，可以培养现有人员，将专业分工细化，注重培养团队成员个人单项业务能力，使公司一线业务人员在农村财政、农村金融、企业财务报表分析、农业信贷担保产品设计、农业信贷担保风险管理、担保法律、新型农业经营主体运作和当地市县农业市场运行与政策执行情况七个方面，掌握其中一到两项业务技能，同时发挥一线项目的实践锻炼平台作用，使业务人员将理论运用到实践中，在实践中锻炼成长。同时，制定相关奖惩考核制度，将员工个人单项业务能力与绩效奖励、表彰和职位晋升挂钩，从而激励一线业务人员成为自己所学习领域的行家里手。

三、地方政府主导规范外部环境

1. 完善新型农业经营主体的征信体系

农业信贷担保体系的担保意愿程度主要取决于新型农业经营主体的信用水平。建议地方政府部门成立专业的农村征信公司，地方政府给予农村征信公司一定的税收减免和财政补贴奖补，帮助征信公司迅速成长、发展。地方政府允许征信公司采用市场化运作，向农业信贷担保体系提供有偿的服务。同时，农业信贷担保体系需要充分利用农产品生产企业信用信息系统，将列入市场失信主体的新型农业经营主体拉入失信客户"黑名单"，对拉入失信客户"黑名单"的新型农业经营主体在申请农业信贷担保授信额度时，采取

降低担保授信额度或不予提供担保授信的风险防范机制。

2. 扩容农业保险品种

地方政府应在以下两个方面扩容农业保险品种：一是扩大农业保险品种覆盖范围，在保障原有农产品保险供给的基础上，依据农业保险运行规律，将辽宁区域特色农产品逐步纳入农业保险保障范围；二是扩大农业保险的受益主体范围，除保障农业生产者外，将农机农具、设施农业生产者、农业保险经营组织等第三方服务机构纳入扶持范围，以达到调动多方积极性的目的。同时，借鉴美国做法，将防范农业市场风险纳入农业保险体系。

3. 建立信用保证制度

由于新型农业经营主体进行农业生产经营风险大，农业信贷担保体系在向其提供担保授信额度之后可能会遇到新型农业经营主体无力偿债、逾期偿债等风险，那么通过政府部门为农业信贷担保体系的运作提供资金、税收和法规等方面全方位的支持就显得势在必行，最重要的就是推行信用保证制度。可借鉴日本的先进经验，当银行等金融机构与新型农业经营主体开展借贷业务时，如果其能够很便捷地对新型农业经营主体进行实时动态监督，那么银行等金融机构应负责承担担保债务的跟踪监管义务，而辽宁农业信贷担保体系可将原来的风险比例向银行等金融机构进行适当让渡。如果由于银行等金融机构失职造成新型农业经营主体最终不能履行偿债义务，那么农业信贷担保体系可依法免除担保责任。

参考文献

[1] Agarwal V, Taffler R. Comparing the Performance of Market-based and Accounting-based Bankruptcy Prediction Models [J]. Journal of Banking and Finance, 2008, 32 (8): 1541-1551.

[2] Aghion P, Bolton P. A Theory of Trickle-down Growth and Development [J]. The Review of Economic Studies, 1997, 64 (2): 151-172.

[3] Akerlof G A. The Market for "Lemons": Quality Uncer-tainty and the Market Mechanism [J]. The Quarterly Journal of Economics, 1970, 84 (3): 488-500.

[4] Alexander G J, Baptista A M. Economic Implications of Using a Mean-Var Model for Portfolio Selection: A Comparison with Mean-Variance Analysis [J]. Journal of Economic Dynamics and Control, 2002, 26 (7): 1159-1193.

[5] Allanson P. The Redistributive Effects of Agricultural Policy on Scottish Farm Incomes [J]. Joural oI Agricultural Economics, 2006, 57 (1): 117-128.

[6] Altman E I, Saunders A. Credit Risk Measurement: Developments Over the Last 20 Years [J]. Journal of Banking and Finance, 1997, 21 (11/12): 1721-1742.

[7] Arrow K. The Economics of Agency [M] //Pratt J, Zeckhauser J. Principals and Agents: The Structure of Business. Boston: Harvard Business School Press, 1985.

[8] Baltensperger E. Credit Rationing: Issues and Questions [J]. Journal of Money, Credit, and Banking, 1998, 10 (2): 170-183.

[9] Barro R J. The Loan Market, Collateral, and Rates of Interest [J]. Journal of Money, Credit and Banking, 1976, 8 (4): 439-456.

[10] Berger A N, Udell G F. Collateral, Loan Quality, and Bank Risk [J]. Journal of Monetary Economics, 1990, 25 (1): 21-42.

[11] Berger A N, Udell G F. Relationship Lending and Lines of Credit in Small Firm Finance [J]. Journal of Business, 1995, 68 (3): 351-81.

[12] Besley T, Coate S. Group Lending, Repayment Incentives and Social Collateral [J]. Journal of Development Economics, 1995, 46 (1): 1-18.

[13] Boucher S, Carter M, Guirkinger C. Risk Rationing and Wealth Effects in Credit Markets: Theory and Implications for Agricultural Development [J]. American Journal of Agricultural Economics, 2008, 90 (2): 409-423.

[14] Bourgeon J M, Chambers R. Producer Organizations, Bargaining, and Asymmetric Inlormation [J]. American Journal of Agricultural Economics, 1999, 8 (3): 602-609.

[15] Chan Y S, Thakor A V. Collateral and Competitive Equilibria with Moral Hazard and Private Information [J]. The Journal of Finance, 1987, 42 (2): 345-363.

[16] Cowling M. The Role of Loan Guarantee Schemes in Alleviating Credit Rationing in the UK [R]. Research Papers in Economics, 2007.

[17] Cvitanic J, Karatzas I. On Dynamic Measures of Risk [J]. Finance and Stochastics, 1999, 3 (4): 451-482.

[18] de Meza D. Overlending? [J]. The Economic Journal, 2002, 112 (477): 17-31.

[19] Duong P B, Lzumida Y. Rural Development Finance in Vietnam: A Microeconometric Analysis of House-hold Surveys [J]. World Development, 2002, 30 (2): 319-335.

[20] Dutta J, Kapur S. Liquidity Preference and Financial Intermediation [J]. The Review of Economic Studies, 1998, 65 (3): 551-572.

[21] Gendron M M, Van Lai S, Soumaré I. An Analysis of Private Loan Guarantee Portfolios [J]. Ssrn Electronic Journal, 2002, 16 (3): 231.

[22] Gosa V, Fether A. Financial Resource Impllications on Cole Si Medicina Veterinary a Banatului. Timisoara SeriaIagriculture Results [J]. Management Agricol, Lucrări Ştiinţifice, Universitatea De Ştiinte Agricol, 2010, 12 (3): 7-14.

[23] Graham Bannock and Partners Ltd. Credit Guarantee Schemes for Small Business Lending-A Global Perspective [R]. 1997.

[24] Gudger W. The Sustainability of Credit Guarantee Systems [J]. The Financier, 1999, 4 (1/2): 30.

[25] Guirlcinger C, Boucher S. Credit Constraints and Productivity in Peruvian Agriculture [J]. Agricultural Economics, 2008, 39 (3): 295-308.

[26] Hancock D, Wilcox J A. The "Credit Crunch" and the Availability of Credit to Small Business [J]. Journal of Banking and Finance, 1998, 22: 983-1014.

[27] Hanohan P. Partial Credit Guarantees: Principles and Practice [Z]. The Institute for International Integration Studies Discussion Paper, 2008.

[28] Hart O, Moore J. The Governance of Exchanges: Members' Cooperatives Versus Outside Ownership [J]. Oxford Review of Economic Policy, 1996, 12 (4): 53-69.

[29] Hatekayama M. Asian Guarantee System for SME [C]. Round Table of Credit Guaranteechemes, Inter American Bank, Washington DC, 1996.

[30] Jarrow R A, Lando D. Turnbull S M. A Markov Model for the Term Structure of Credit Risk Spreads [J]. The Review of Financial Studies, 1997, 10 (2): 481-523.

[31] Jensen M C, Meckling W H. Theory of the Firm: Managerial Behavior, Agency Costs and Ownership Structure [J]. Journal of Financial Economics, 1976, 3 (4): 305-360.

[32] Kanakasabai M, Dillon C, Skees J. Microeconomic Evaluation of Farm Risk Management Decisions in Kentucky [C]. Western Agricultural Economics Association Annual Meetings, Logan, Utah, 2001.

[33] Kang J, Heshmati A. Effect of Credit Guarantee Policy on Survival and Performance of SME in Republic of Korea [J]. Small Business Economics, 2008,

31（4）：445-462.

［34］Kiyotaki N, Moore J. Credit Cycles ［J］. Journal of Political Economy, 1997, 105（2）：211-248.

［35］Klein B, Crawford R, Alchian A A. Vertical Integration, Appropriable Rents, and the Competitive Contracting Process ［J］. Journal of Law and Economics, 1978, 21（2）：297-326.

［36］Krishnamurthy A. Collateral Constraints and the Amplification Mechanism ［J］. Journal of Economic Theory, 2003, 111（2）：277-292.

［37］Kuo C J, Chen C M, Sung C H. Evaluating Guarantee Fees for Loans to Small and Medium-sized Enterprises ［J］. Small Business Economics, 2011, 37（2）：205-218.

［38］Lawemce K A. Risk Sensitivity and Value among Andean Pastoralists: Models, and Empirical Tests ［J］. Current Anthropology, 2001, 42（3）：432-440.

［39］Leeth J D, Scott J A. The Incidence of Secured Debt: Evidence Business from the Small Community ［J］. Journal of Financial and Quantitative Analysis, 1989, 24（3）：379-394.

［40］Levitsky J. Best Practice in Credit Guarantee Schemes ［C］. Round Table of Credit Guarantee Schemes, Inter American Bank, Washington DC, 1996.

［41］Levitsky J. SME Guarantee Schemes: A Summary ［J］. The Financier, 1997, 4（1/2）：5-11.

［42］Li W L. Government Loan, Guarantee, and Grant Programs: An Evaluation ［J］. Federal Reserve Bank of Richmond Economic Quarterly, 1998, 84（4）：25-51.

［43］Ligon E. Optimal Risk in Agricultural Contracts ［J］. Agricultural Systems, 2003, 75（2/3）：265-276.

［44］Lintner J. The Valuation of Risk Assets and the Selection of Risky Investments in Stock Portfolios and Capital Budgets ［J］. The Review of Economics and Statistics, 1965, 47（1）：13-37.

［45］Lorens J. Loan Guarantee System for SMEs in Europe ［C］. Round Table of Credit Guarantee Schemes, Inter American Bank, Washington DC, 1996.

[46] Markowitz H. Portfolio Selection [J]. The Journal of Finance, 1952, 7 (1): 77-91.

[47] Martin S. Risk Management Strategies in New Zealand a Culture and Horticulture [J]. Review of Marketing and Agricultural Economics, 1996, 64 (1): 1-14.

[48] Matthews K, Guo J G, Zhang N N. Rational inefficiency and Non-Performing Loans in Chinese Banking: A Non-Parametric Bootstrapping Approach [R]. Cardiff Economics Working Papers, 2007.

[49] McKinnon R I. Money and Capital in Economic Development [M]. Washington DC: Brookings Institution, 1973.

[50] Merton R C. Theory of Rational Option Pricing [J]. The Bell Journal of Economics and Management Science, 1973, 4 (1): 141-183.

[51] Meyer R L, Nagarajan G N. Commens on Sustainability of Credit Guarantee Systems [J]. The Financier, 1997, 4 (1/2): 100-104.

[52] Ramaswami B, Ravi S, Chopra S. D. Risk Management in Agriculture [Z]. A Discussion Document Prepared by the Economics and Statistics Group of the Ministry of A culture, Fisheries and Food, 2001.

[53] Riding L A, Haines G Jr. Defaulting on Loan Guarantees: Costs and Benefits of Encouraging Earily-stage Growth [J]. Frontiers of Entrepreneurship Research, 1998, 19: 504-518.

[54] Riding L A, Haines G Jr. Loan Guarantees [J]. Journal of Business Venturing, 2001, 16 (6): 595-612.

[55] Sharpe W F. Capital Asset Prices: A Theory of Market Equilibrium under Conditions of Risk [J]. The Journal of Finance, 1964, 19 (3): 425-442.

[56] Stiglitz J E, Weiss A. Asymmetric Information in Credit Markets and Its Implications for Macroeconomics [J]. Oxford Economic Papers, 1992, 44 (4): 694-724.

[57] Stiglitz J E, Weiss A. Credit Rationing in Markets with Imperfect Information [J]. The American Economic Review, 1981, 71 (3): 393-410.

[58] Thomas C L. A survey of Credit and Behavioural Scoring: Forecasting

Financial Risk of lending to Consumers [J]. International Journal of Forecasting, 2000, 16 (2): 149-172.

[59] Udoh E, Umoren A A, Akpan S B. Analysis of Loan Default among Agricultural Credit Guarantee Scheme (ACGS) Loan Beneficiaries in Akwa Lbom State, Nigeria [J]. African Journal of Agricultural Economics and Rural Development, 2016, 2 (2): 121-128.

[60] Vogel R, Adams C. Costs and Benefits of Loan Guarantee Programd [C]. Inter-American Development Bank Round Table on Loan Guarantees, Washington, DC, 1996.

[61] Walter I. Deregulating Wall Street: Commercial Bank Penetration of the Corporate Securities Market [M]. New York: Wiley, 1985.

[62] Wang H H, Wang Y, Delgado M S. The Transition to Modern Agriculture: Contract Farming in Developing Economies [J]. American Journal of Agricultural Economics, 2014, 96 (5): 1257-1271.

[63] Wang S S. A Class of Distortion Operators for Pricing Financial and Insurance Risks [J]. Journal of Risk and Insurance, 2000, 67 (1): 15-36.

[64] Wik M, Kebede T A, Bergland O, et al. On the Measurement of Risk Aversion from Experimental Data [J]. Applied Economics, 2004, 36 (21): 2443-2451.

[65] Wooldridge J M. Econometric Analysis of Cross-section and Panel Data [J]. Massachusetts: MIT Press Books, 2010.

[66] Zecchini S, Ventura M. The Impact of Public Guarantees on Credit to SME [J]. Small Business Economics, 2009, 32 (2): 191-206.

[67] Zhang C, Wang Z Y, Lv J. Research on Early Warning of Agricultural Credit and Guarantee Risk Based on Deep Learning [J]. Neural Computing and Applications, 2021, 34 (9): 6673-6682.

[68] 曹洪盛, 应瑞瑶, 刘馨月. 市场风险、契约动态与包容性增长——以肉鸡产业为例 [J]. 财贸研究, 2018, 29 (3): 40-54.

[69] 曹瓅, 杨雨. 不同渠道信贷约束对农户收入的影响 [J]. 华南农业大学学报 (社会科学版), 2020, 19 (1): 66-76.

[70] 陈德球, 刘经纬, 董志勇. 社会破产成本、企业债务违约与信贷资金配置效率 [J]. 金融研究, 2013 (11): 68-81.

[71] 陈强. 高级计量经济学及 Stata 应用（第二版）[M]. 北京: 高等教育出版社, 2014.

[72] 陈卫东. 金融扶持家庭农场经济发展的实证研究——基于荆州市首批 121 个家庭农场的调查 [J]. 武汉金融, 2013, 165 (9): 59-61.

[73] 陈星贝, 周建宇. 我国农业信贷担保体系发展现状、问题与对策 [J]. 农村经济与科技, 2017, 28 (3): 143-145.

[74] 陈训波, 孙春雷. 农产品价格波动与订单农业违约风险: 基于契约理论的分析 [J]. 西南民族大学学报（人文社会科学版）, 2013, 34 (9): 107-110.

[75] 陈雨露, 马勇. 地方政府的介入与农信社信贷资源错配 [J]. 经济理论与经济管理, 2010 (4): 19-24.

[76] 程华, 卢凤君, 谢莉娇. 农业产业链组织的内涵、演化与发展方向 [J]. 农业经济问题, 2019 (12): 118-128.

[77] 董晓林, 朱敏杰. 农村金融供给侧改革与普惠金融体系建设 [J]. 南京农业大学学报（社会科学版）, 2016, 16 (6): 14-18+152.

[78] 法文宗. 农村信贷担保的现状及完善对策——山东省青州市东夏镇农村信贷调查 [J]. 林业经济, 2010 (7): 59-63.

[79] 范晓霞. 对家庭农场金融服务状况的调查分析——以山西省为例 [J]. 华北金融, 2013 (9): 19-20+48.

[80] 范学俊. 政府在金融市场中的作用——基于福利经济学的理论分析框架 [J]. 华东师范大学学报（哲学社会科学版）, 2008 (4): 84-91.

[81] 范亚莉, 丁志国, 王朝鲁, 等. 政策性与独立性: 农业信贷担保机构运营的动态权衡 [J]. 农业技术经济, 2018 (11): 69-79.

[82] 方先明, 熊鹏. 对商业银行信用风险监测评价的新思考 [J]. 中央财经大学学报, 2005 (7): 13-18.

[83] 方阳春, 贾丹, 王美洁. 科技人才任职资格评价标准及方法研究: 基于国内外先进经验的借鉴 [J]. 科研管理, 2016, 37 (S1): 318-323.

[84] 葛永波, 曹婷婷, 陈磊. 农商行小微贷款风险评估及其预警——基

于经济新常态背景的研究[J].农业技术经济,2017(9):105-115.

[85] 顾海峰.中小企业金融担保风险转移机制的系统性建构研究[J].金融理论与实践,2013(6):26-30.

[86] 顾海峰.中小企业金融发展的创新路径研究——信贷配给视角下银保风险协作机制的建构[J].山西财经大学学报,2010(1):16-21.

[87] 管晓永.基于风险识别和控制的企业信用分析框架及实证研究[J].科研管理,2008(5):149-154.

[88] 郭超峰.我国农业信贷担保体系的发展现状与未来选择[J].西部财会,2019(1):44-49.

[89] 高圣平,刘萍.农村金融制度中的信贷担保物:困境与出路[J].金融研究,2009(2):64-72.

[90] 郭小波,王婉婷,周欣.我国中小企业信贷风险识别因子的有效性分析——基于北京地区中小企业的信贷数据[J].国际金融研究,2011(4):62-67.

[91] 韩喜平,金运.中国农村金融信用担保体系构建[J].农业经济问题,2014,35(3):37-43+110-111.

[92] 胡绪华,吉敏.基于BP神经网络的银行信贷风险评价[J].统计与决策,2009(11):138-139.

[93] 黄承伟,陆汉文.贫困村互助资金的安全性与风险控制——7省18个互助资金试点的调查与思考[J].华中师范大学学报(人文社会科学版),2010,49(5):14-20.

[94] 黄庆安.农村信用担保机构发展研究——基于福建省的调查分析[J].农业经济问题,2011,32(1):13-17+110.

[95] 霍源源,姚添译,李江.基于Probit模型的中国制造业企业信贷风险测度研究[J].预测,2019,38(4):76-82.

[96] 姬生翔."项目制"研究综述:基本逻辑、经验推进与理论反思[J].社会主义研究,2016(4):163-172.

[97] 贾康.财税如何支持中小微企业发展和融资[J].金融市场研究,2012(6):71-77.

[98] 江维国.家庭农场发展中的金融支持体系构建[J].南方金融,

2014（2）：56-58.

[99] 江秀荣.广西农业信贷担保体系建设研究[J].经济研究参考，2018（5）：46-49.

[100] 姜启源，谢金星，叶俊.数学模型（第三版）[M].北京：高等教育出版社，2003.

[101] 蒋例利，王定祥.财政金融服务新型农业经营主体的绩效评价[J].西南大学学报（社会科学版），2017，43（2）：54-64+198.

[102] 孔荣，Calum G. Turvey.中国农户经营风险与借贷选择的关系研究——基于陕西的案例[J].世界经济文汇，2009（1）：70-79.

[103] 孔祥智.新型农业经营主体的地位和顶层设计[J].改革，2014（5）：32-34.

[104] 匡海波，杜浩，丰昊月.供应链金融下中小企业信用风险指标体系构建[J].科研管理，2020，41（4）：209-219.

[105] 兰军，严广乐.社会资本视角下中小企业信贷风险研究[J].中国流通经济，2019，33（5）：111-119.

[106] 李彬.订单农业契约内部治理机制与风险防范[J].农村经济，2013（2）：46-50.

[107] 李昌齐.对完善农村信贷担保的几点思考——以湖南邵阳市为例[J].武汉金融，2013（4）：61-62.

[108] 李富有，李新军.金融约束、政府干预与农村信用联社不良资产的形成机理研究——基于陕西省农村信用联社的实证分析[J].统计与信息论坛，2014，29（1）：81-86.

[109] 李江华，施文泼.政府对农业信贷资金配置的干预及效应分析[J].经济研究参考，2013（67）：34-41.

[110] 李万镝.财政支持农业担保机构的效应分析与对策研究[J].地方财政研究，2013（1）：60-64.

[111] 李延敏，穆庆贺.对农民专业合作社信贷风险评价的探索——基于冲量模型[J].金融理论与实践，2017（10）：22-27.

[112] 李志辉，李萌.我国商业银行信用风险识别模型及其实证研究[J].经济科学，2005（5）：61-71.

[113] 林乐芬, 法宁. 新型农业经营主体银行融资障碍因素实证分析——基于31个乡镇460家新型农业经营主体的调查[J]. 四川大学学报(哲学社会科学版), 2015 (6): 119-128.

[114] 林丽琼, 吴敬伟, 赵一萌, 等. 地理距离影响民间借贷违约风险的实证研究[J]. 福建农林大学学报(哲学社会科学版), 2017, 20 (4): 24-31.

[115] 刘凤芹. 不完全合约与履约障碍——以订单农业为例[J]. 经济研究, 2003 (4): 22-30+92.

[116] 刘海明, 曹廷求. 宏观经济不确定性、政府干预与信贷资源配置[J]. 经济管理, 2015 (6): 1-11.

[117] 刘俊奇, 周杨. 新型农业经营主体的信贷需求及影响因素研究——基于辽宁样本的考察[J]. 广西大学学报(哲学社会科学版), 2017, 39 (3): 74-78.

[118] 刘婷婷. 新型农业经营主体的融资困境与金融支农改革路径[J]. 农村经济, 2016 (3): 73-77.

[119] 刘西川, 程恩江. 中国农业产业链融资模式——典型案例与理论含义[J]. 财贸经济, 2013 (8): 47-57.

[120] 刘西川, 李渊. 村级发展互助资金实行分期还款有利于其信贷风险控制吗?——基于5省160个样本村的调查数据[J]. 世界农业, 2019 (12): 27-35+133-134.

[121] 刘祥东, 王未卿. 我国商业银行信用风险识别的多模型比较研究[J]. 经济经纬, 2015, 32 (6): 132-137.

[122] 刘鑫. 四川省农业信贷担保有限公司发展战略及运营体系研究[D]. 西南交通大学, 2016.

[123] 刘勇, 沈继奔, 冯进路, 等. 关于2017年国内外经济金融形势的展望和政策建议[J]. 开发性金融研究, 2016, 10 (6): 21-24.

[124] 刘志荣. 农业信贷担保服务体系建设的模式、困境及发展选择[J]. 江淮论坛, 2016 (3): 12-18.

[125] 楼栋, 方晨晨, 林光杰. 农民专业合作社内部资金互助参与意愿因素分析——基于浙江、山东部分农民专业合作社社员的调查[J]. 西北农

林科技大学学报（社会科学版），2013，13（6）：14-19.

[126] 吕德宏，朱莹.农户小额信贷风险影响因素层次差异性研究［J］.管理评论，2017，29（1）：33-41.

[127] 吕杰，王振宇，张超.关于大力发展农业信贷担保，积极推进辽宁乡村振兴的建议［J］.咨询文摘，2017（11）：1-11.

[128] 马九杰，罗兴，王海南.构建农业信贷担保体系需制度创新［J］.中国农村金融，2016（22）：12-13.

[129] 满向昱，张天毅，汪川，等.我国中小微企业信用风险因素识别及测度研究［J］.中央财经大学学报，2018（9）：46-58.

[130] 毛广雄.舒尔茨《改造传统农业》对培育现代农民的启示［J］.安徽农业科学，2008（14）：6137-6138.

[131] 聂辉华.最优农业契约与中国农业产业化模式［J］.经济学（季刊），2013，12（1）：313-330.

[132] 钮中阳，乔均.新型农村金融机构风险评价体系实证研究［J］.南京社会科学，2018（7）：25-31+71.

[133] 钱克明，彭廷军.关于现代农业经营主体的调研报告［J］.农业经济问题，2013，34（6）：4-7+110.

[134] 任劼，孔荣，Calum Turvey.农户信贷风险配给识别及其影响因素——来自陕西730户农户调查数据分析［J］.中国农村经济，2015（3）：56-67.

[135] 任英华，谢佳汇，周金龙，等.基于复杂网络的商业银行流动性风险评价［J］.湖南大学学报（社会科学版），2020，34（4）：65-73.

[136] 生秀东.订单农业的契约困境和组织形式的演进［J］.中国农村经济，2007（12）：35-39+46.

[137] 宋冬凌.突破农村信贷担保瓶颈的若干思考［J］.金融理论与实践，2010（6）：61-64.

[138] 孙光林，李庆海，杨玉梅.金融知识对被动失地农民创业行为的影响——基于IV-Heckman模型的实证［J］.中国农村观察，2019（3）：124-144.

[139] 谭劲松，简宇寅，陈颖.政府干预与不良贷款——以某国有商业

银行1988~2005年的数据为例［J］.管理世界,2012（7）：29-43+187.

［140］唐弋夫,姚领.构建农业信贷担保体系的几个问题［J］.银行家,2017（1）：110-113.

［141］田静婷.从产权视角看我国农村信贷担保融资制度的创新［J］.西北农林科技大学学报（社会科学版）,2012,12（4）：18-23+29.

［142］汪来喜.新型农业经营主体融资难的成因与对策［J］.经济纵横,2016（7）：70-73.

［143］汪艳涛,高强,苟露峰.农村金融支持是否促进新型农业经营主体培育——理论模型与实证检验［J］.金融经济学研究,2014,29（5）：89-99.

［144］王定祥,周灿,李伶俐.贫困农户信贷可获得性影响因素的实证研究［J］.当代金融研究,2017（3）：104-114.

［145］王凤荣,慕庆宇.政府干预异质性、中小银行发展与中小企业融资约束——结合经济换挡背景的分析［J］.经济与管理研究,2019,40（5）：47-60.

［146］王珏,骆力前,郭琦.地方政府干预是否损害信贷配置效率？［J］.金融研究,2015（4）：99-114.

［147］王连军.金融危机背景下政府干预与银行信贷风险研究［J］.财经研究,2011,37（5）：112-122.

［148］王睿,周应恒.乡村振兴战略视阈下新型农业经营主体金融扶持研究［J］.经济问题,2019（3）：95-103.

［149］王守坤.中国各地区抑制性金融发展的空间关联效应——基于广义空间计量模型的分析［J］.当代财经,2015（8）：47-58.

［150］王帅,杨培涛,黄庆雯.基于多层次模糊综合评价的中小企业信用风险评估［J］.财经理论与实践,2014,35（5）：13-17.

［151］王双全,刘静,杨锦秀.中国农村土地金融产品风险：类型、特点及其防范［J］.农村经济,2019（11）：110-117.

［152］王田多姿.湖南省农业信贷担保体系的现状和机制创新研究——以湖南省洪江市为例［J］.现代经济信息,2019（12）：488-489.

［153］王性玉,胡亚敏,王开阳.自我信贷配给家庭非正规借贷的增收

效应——基于河南农户的分位数回归分析［J］.经济管理，2016，38（4）：130-137.

［154］王亚静，祁春节.我国契约农业中龙头企业与农户的博弈分析［J］.农业技术经济，2007（5）：25-30.

［155］王宗军，崔鑫，邵芸.商业银行信贷风险的多因素多层次模糊综合评价［J］.南开管理评论，2004（5）：4-7+18.

［156］魏国雄.商业银行的信贷战略风险管理［J］.金融论坛，2015，20（11）：10-17.

［157］魏昊，李芸，吕开宇，等.粮食种植户风险态度对信贷约束效果的影响——基于四省农户调查的实证分析［J］.农林经济管理学报，2016，15（4）：405-416.

［158］魏岚.农户小额信贷风险评价体系研究［J］.财经问题研究，2013（8）：125-128.

［159］魏平平，王秀芳.河北省新型农业经营主体金融服务供给现状［J］.时代金融，2016（9）：64+69.

［160］温涛，董文杰.财政金融支农政策的总体效应与时空差异——基于中国省际面板数据的研究［J］.农业技术经济，2011（1）：24-33.

［161］吴继平.加快农业现代化背景下的新型农业经营主体培育研究［J］.农村经济与科技，2018，29（6）：189+191.

［162］吴杰，张衍骏，吴伟萍.制度冲突视角下：农村信贷担保创新障碍与突破［J］.农业经济，2010（7）：49-51.

［163］徐临，姚晓琳，李艳辉.基于层次分析和熵值法的融资担保机构风险评价［J］.经济与管理，2017，31（2）：50-55.

［164］许黎莉，殷丽丽，陈东平.农业信贷担保机构介入产业链外部融资的路径探索［J］.江苏农业学报，2019，35（4）：973-979.

［165］许黎莉，陈东平.农业信贷担保机构担保支农的契约耦合机制缘何"异化"？——不完全信息动态博弈的视角与来自内蒙古L旗的证据［J］.内蒙古社会科学（汉文版），2017，38（3）：125-131.

［166］许黎莉，陈东平.声誉能促进政策性担保贷款的自我履约吗？——基于互联关系型合约的分析框架［J］.求是学刊，2019，46

（5）：81-90.

［167］杨大蓉.浙江新型农业经营主体融资现状及金融创新策略研究［J］.浙江金融，2014（3）：66-69+74.

［168］姚凤阁，隋昕.新型农业经营主体的融资需求影响因素研究——以黑龙江省为例［J］.哈尔滨商业大学学报（社会科学版），2016（3）：3-9.

［169］于丽红，李辰未，兰庆高.农村土地经营权抵押贷款信贷风险评价——基于AHP法分析［J］.农村经济，2014（11）：79-82.

［170］张长利，蒋陈.农村信贷担保主要障碍及机制创新——基于湘西北三个乡镇的实地调查［J］.地方财政研究，2016（1）：79-84.

［171］张超，王振宇.农业信贷担保［R］.财经活页，2017（1）：1-10.

［172］张超.关于农业信贷担保的几点认识［J］.探索与决策，2017（1）：1-3.

［173］张洪武.发挥政策性农业担保优势，倾力助推实施乡村振兴战略［J］.当代农村财经，2018（7）：2-8.

［174］张洪武.建立农业信贷担保体系，服务新型农业经营主体［J］.农民科技培训，2019（1）：27.

［175］张辉.财政政策的效果与区域不对称性［J］.首都师范大学学报（社会科学版），2014（6）：67-72.

［176］张杰.制度金融理论的新发展：文献述评［J］.经济研究，2011，46（3）：145-159.

［177］张璟，刘晓辉.政府干预、关系型贷款与干预陷阱［J］.世界经济，2006（9）：58-66+96.

［178］张宁，张兵.非正规高息借款：是被动接受还是主动选择？——基于江苏1202户农村家庭的调查［J］.经济科学，2014（5）：35-46.

［179］张维迎.博弈论与信息经济学［M］.上海人民出版社，2017.

［180］张雪丽，朱天星，于立新.基于判别分析的商业银行个人信用风险评价模型研究［J］.工业技术经济，2011，30（10）：131-138.

［181］张则艳.吉林省农业信贷担保体系的构建及运行机制的研究［D］.长春工业大学，2018.

［182］章和杰，杨尧均.产业链与金融契约的协同机制研究——基于信

用保证基金视角[J].经济与管理,2019,33(6):65-71.

[183] 赵瑾璐,张葛亿男,梁怡.论财政对农业信贷担保体系的支持——以甘肃省为例[J].兰州大学学报(社会科学版),2011(4):109-114.

[184] 赵西亮,吴栋,左臣明.农业产业化经营中商品契约稳定性研究[J].经济问题,2005(3):42-44.

[185] 钟真,李琦.新型农业经营主体的异化:程度、效应及根源[J].经济与管理研究,2021,42(5):98-111.

[186] 周力,龙子妍.市场风险冲击下的契约稳定性分析——基于农业产业化龙头企业隐性违约的视角[J].财经研究,2019,45(10):112-124.

[187] 周立群,曹利群.商品契约优于要素契约——以农业产业化经营中的契约选择为例[J].经济研究,2002(1):14-19+93.

[188] 朱鸿鸣,赵昌文."攫取性"金融体系及其危害——一个基于金融竞合观的分析框架[J].经济体制改革,2015(3):149-154.

[189] 朱乾宇,马九杰.农业担保公司的担保能力建设[J].中国金融,2012(14):72-73.

[190] 朱涛,谢婷婷,王宇帆.认知能力、社会互动与家庭金融资产配置研究[J].财经论丛,2016(11):47-55.

[191] 朱文胜,王德群.新型农业经营主体融资难[J].中国金融,2014(21):94.

[192] 邹伟,凌江怀.政府干预、地方金融发展与经济增长[J].当代财经,2018(4):14-24.

[193] 左臣明,马九杰,罗兴.建立政策性农业担保体系需处理好四大关系[J].当代农村财经,2017(7):58-63.

后 记

  研究"农业信贷担保"的相关内容始于 2016 年我的博士生导师王振宇教授对这一领域的关注，当时国家对于"农业信贷担保"这一概念还处于顶层设计初期，中央、各省份及计划单列市对农业信贷担保体系的建立尚处于筹备阶段。当时我个人对农业信贷担保的认知，不论是在理论抑或是在实践上都是浅显且模糊的。随着时间的推移，2017 年 6 月辽宁省农业信贷担保体系正式投入运营，王振宇教授第一时间把我引荐到辽宁省农业信贷融资担保有限责任公司（以下简称公司）进行学习，以期在实践中领悟真知。

  随着学习的深入并跟随公司团队深入农村地区了解当地农业和农民对信贷方面的需求，我认为这一选题可能更适合长期甚至以一生的时间去关注、发掘，于是我在第一阶段实习结束并与王振宇教授汇报和讨论关于农业信贷担保的想法后，我开始了农业信贷担保的理论研究。在老师团队的全力支持下，几经修改，2018 年 1 月我关于农业信贷担保的第一篇研究成果正式在辽宁省财政科学研究所主办的《财经活页》上发表。现在回头再看当年的文章，虽然稚嫩有余、笔力不足，但是在当时的环境下奠定了我之后的研究基础，勾勒出了我的研究框架。

  2019 年，在老师和公司团队的支持下，我当时想是否应该把建立农业信贷担保风险评价指标体系作为我博士期间学术论文的主攻方向，因为当时，全国农业信贷担保体系中并没有模型化的风险评价指标体系。在研究攻关过程中，我遇到了一个非常棘手的科研难题，即哲学社会科学中的实证工具在设计原理上是由果及因的逻辑推导模式，但是在建立农业信贷担保风险评价指标体系、验证风险评价指标体系精准度时，实证工具的逻辑推导应是由因及果的逻辑。在一个很偶然的机会下,我了解并深度学习了这种实证方法。同时,在老师的细心指导及公司团队对数据和材料的不断补充下,我关于建立农业信贷担保风险评价指标体系的第一篇学术论文于2021年5月正式见刊。这标志着农业信贷担保风险评价由专家打分迈入了模型化的阶段,即由感性认识上升到了理性认识的阶段。

2021年6月,在老师团队的悉心指导下,我完成了题为《政府干预和关系契约视阈下农业信贷担保风险管理研究》的博士论文撰写工作。2021年12月,我完成了博士论文答辩,获得了博士学位。同时,作为王振宇教授从教以来收入门下的第一个博士研究生,我也是在老师全程指导培养下第一个获得博士学位的,王振宇教授感到非常骄傲!很多人用"扒几层皮"来形容攻读博士学位过程的艰难和不易,在这一过程中,我觉得虽然艰苦,但更多的是收获了攻克一个个科研难关后所带来的成就感!

在此,向我的博士生导师王振宇教授致以最诚挚的感谢。导师不仅以远见卓识的学术视野和深入浅出的学术语言引领我步入经济学的神圣殿堂,而且身体力行,以高尚的言行引导我做人、做事。是老师给了我继续深造的机会,当他向我传授知识并细致、严谨地回答我所提出的疑问时,我有一个理想,就是希望自己可以像老师一样在经济学领域有所建树,并且通过自己的努力开创出一片天地,从而获得学术界和业界的认可与接纳。在生活中,老师的关怀让我感受到了家人般的温暖!没有老师的指导和关怀,就没有我今天的成绩,我很感恩能成为老师的学生,我会继续以老师为榜样,努力朝着更高的目标迈进!

我要感谢辽宁省财政科学研究所的连家明研究员、郭艳娇研究员、成丹副研究员、寇明风副研究员和陆成林副研究员等各位老师,各位老师严谨的治学态度和悉心教导让我受益匪浅。各位老师在我研读博士期间对我论文的开题、撰写、研究方法的应用,以及预答辩和毕业答辩等方面给予了种种帮助和指导。尤其是我的硕士导师周艳波副教授,从我博士选题时的一无所知到我毕业时的小有所获,老师对我的教导和关怀,我铭记于心。我还要感谢辽宁省农业信贷担保融资有限责任公司的杨晓波执行董事、艾纯民总会计师、洪中强副总经理、张尧副总经理、刘琳部长、李越部长、刘堃甯部长、刘维众老师、师晓红老师、张忱、刘晓冬、王志涛、魏忠强等各位领导和老师。

特别感谢公司长久以来的全力支持,感恩各位领导和老师对我专业知识上的悉心指导,在调研期间对我生活上的照顾。

我要感谢我的同窗好友郭笑宇、吴琼、黄亚楠、孙学涛、欧阳博强、李凯、霍圆圆,大家吃在一起,玩在一起,共同度过了快乐的五年博士生活。尤其感谢郭笑宇,我们同窗七年,每当我遇到任何困难、挫折时,笑宇都会默默支持我、陪伴我,我俩既是同窗又是知心好友。同时,我要感谢我的同门李伊然师妹、陈克鑫师妹、高志鹏师弟,在共同的理想和信念下,大家一起研讨和成长的经历让我此生难忘。感恩同门的帮助和陪伴,让我的博士生活增添了许多乐趣和美好的回忆。

最后,我要感谢我的家人。父母的支持和鼓励,是我一路走来的源动力!

张　超

2023 年 7 月